海南大学经济与管理学院2016省应用经济重点学科建设项目成果
海南大学科研启动基金项目（kyqd1530）成果
海南省自然科学基金项目（20161004）成果

经济管理学术文库·经济类

保障性住房制度与中低收入家庭安居问题的数量分析
——以北京市为例

Quantitative Analysis of Indemnificatory Housing System and Housing Problem of Middle and Low Income Families-Take Beijing as an Example

卢　媛／著

图书在版编目（CIP）数据

保障性住房制度与中低收入家庭安居问题的数量分析：以北京市为例/卢媛著.—北京：经济管理出版社，2017.6
ISBN 978-7-5096-5152-0

Ⅰ.①保… Ⅱ.①卢… Ⅲ.①保障性住房—住房制度—研究—北京 Ⅳ.①F299.271

中国版本图书馆 CIP 数据核字（2017）第 126707 号

组稿编辑：曹　靖
责任编辑：杨国强　张瑞军
责任印制：黄章平
责任校对：王纪慧

出版发行：经济管理出版社
（北京市海淀区北蜂窝 8 号中雅大厦 A 座 11 层　100038）
网　　址：www.E-mp.com.cn
电　　话：（010）51915602
印　　刷：北京玺诚印务有限公司
经　　销：新华书店
开　　本：720mm×1000mm/16
印　　张：11.75
字　　数：224 千字
版　　次：2017 年 8 月第 1 版　2017 年 8 月第 1 次印刷
书　　号：ISBN 978-7-5096-5152-0
定　　价：68.00 元

·版权所有　翻印必究·

凡购本社图书，如有印装错误，由本社读者服务部负责调换。
联系地址：北京阜外月坛北小街 2 号
电话：（010）68022974　邮编：100836

前　言

伴随着经济体制的改革，住房分配制度经历了由住房公共福利分配模式、单一的货币化分房模式，向商品化住房供应制度的转变。经济发展为房地产行业提供了重要发展契机。市场经济作用下，房地产市场的繁荣使住房供给数量、房屋质量、配套标准等指标稳步提高，但同时也伴随着住房价格快速上涨，商品房售价最高纪录被不断刷新的情况。北京从2007年起房价一路走高，在高房价面前，中低收入居民家庭住房条件无力改善、基本住房需求无法得到满足。为此，关于保障性住房（以下简称保障房）制度与中低收入家庭安居问题的研究，不仅非常紧迫，具有重要的现实意义，同时也有很大的理论和学术价值。

本书针对北京市保障性住房制度特点，把数量分析方法应用到对保障性住房制度问题的研究中，提出了针对保障房准入标准、保障规模、资金需求和退出机制等主要制度环节的一套测算方法体系。

本书的主要研究方向：

首先，提出了保障房准入标准的测算方法。构建比较静态分析模型作为全书理论研究基础，提出两种测算保障房准入标准的方法：一是在政府给定保障规模的情况下，基于收入分布函数拟合方法测算准入标准；二是从商品房市场价格出发，基于房价收入配比公式方法测算准入标准。结合收入分布函数拟合方法，在既定的保障规模下测算廉租住房、经济适用房、限价商品房准入标准线，并与现行的准入标准和制度保障规模做对比分析。以廉租房为例，当准入标准调整后计算政策效应差异性并进行政策模拟。

其次，对保障房制度保障规模进行测算。对于保障规模赋予两种角度的解读：一是制度保障规模，即收入水平低于廉租住房、经济适用房、限价商品房制度准入标准的中低收入居民人数，并对"十二五"期间保障规模的变化趋势进行预测；二是对实际保障房需求总量的计算，即按照实际的商品房价格和居民实际收入水平计算的无力购买商品房居民的人数，这部分居民需要政府为其提供住房保障，以及对居民可以承受的商品房价格区间的测算。同时，对保障房体系和商品房市场间的夹心层群体规模进行测算,提出保障房体系内夹心层群体问题与群体规模计算方法。

再次,对保障房资金总量的测算。通过对保障房资金需求总量目标的任务分解,先依据保障房制度规则,分别构建了廉租住房、经济适用房和限价商品房的资金需求测算模型,而后汇总成北京市保障房资金需求总量模型,并利用相关统计数据进行了实证分析。归纳了保障房资金供给渠道类型,用博弈论方法证明社会资本参与保障房建设的可行性。

最后,提出保障房退出机制设计。在住房过滤理论、住房供求关系与住房需求理论、居民收入的住房消费比例与需要层次理论的基础上,本书提出了梯度补贴动态退出机制模型。针对夹心层群体问题,提出了存在夹心层群体时的保障房退出机制构想。

目 录

第一章　绪论 ··· 1
　第一节　问题的提出 ··· 1
　　一、研究背景与意义 ··· 1
　　二、相关概念界定 ··· 2
　第二节　结构安排与解决方案构想 ··· 3
　　一、结构安排 ··· 3
　　二、解决方案构想 ··· 5
　第三节　创新之处和拟解决的关键问题 ···································· 6
　　一、创新之处 ··· 6
　　二、拟解决的关键问题 ·· 6

第二章　保障性住房制度与理论研究综述 ··································· 8
　第一节　我国保障性住房制度演进 ·· 8
　　一、计划经济体制下保障房制度及评价 ································· 9
　　二、市场经济体制下保障房制度的确立与发展 ·························· 10
　第二节　北京市保障性住房制度体系 ······································ 13
　　一、北京市保障性住房基本保障形式 ··································· 13
　　二、北京市保障性住房制度的其他保障形式 ···························· 16
　第三节　国内外研究综述 ·· 17
　　一、国外研究综述 ·· 18
　　二、国内研究综述 ·· 22

第三章　北京市保障性住房准入标准研究 ··································· 27
　第一节　现状与存在的问题 ··· 28

一、保障房准入标准现状 …………………………………………… 28
　　二、存在的问题 …………………………………………………… 28
　第二节　研究方法 …………………………………………………… 29
　　一、比较静态分析模型的构建 …………………………………… 29
　　二、收入函数拟合方法 …………………………………………… 35
　第三节　保障性住房准入标准测算 ………………………………… 37
　　一、政府给定保障规模下的准入标准测算 ……………………… 37
　　二、商品房市场价格既定下的准入标准测算 …………………… 40
　　三、调整保障房准入标准的政策效应分析 ……………………… 44
　第四节　本章小结 …………………………………………………… 48

第四章　北京市保障性住房保障规模研究 ……………………… 49
　第一节　现状分析 …………………………………………………… 49
　第二节　保障房制度保障规模测算 ………………………………… 52
　　一、廉租住房制度保障规模计算与预测 ………………………… 53
　　二、经济适用房制度保障规模计算与预测 ……………………… 54
　　三、限价商品房制度保障规模计算与预测 ……………………… 55
　　四、保障房供求缺口分析 ………………………………………… 57
　第三节　保障房实际需求总量测算 ………………………………… 59
　　一、房价既定下保障房实际需求总量研究 ……………………… 59
　　二、收入既定下商品房价格理性区间测算 ……………………… 62
　第四节　保障房体制下夹心层群体问题 …………………………… 66
　　一、保障房体系与商品房市场间夹心层群体 …………………… 66
　　二、保障房体系内夹心层群体 …………………………………… 67
　第五节　本章小结 …………………………………………………… 68

第五章　北京市保障性住房资金问题研究 ……………………… 70
　第一节　保障性住房资金供求现状分析 …………………………… 71
　第二节　保障房资金需求模型构建与测算 ………………………… 72
　　一、廉租房资金需求量测算 ……………………………………… 73
　　二、经济适用房资金需求量测算 ………………………………… 78
　　三、限价商品房资金需求量测算 ………………………………… 80
　第三节　保障房资金供给研究 ……………………………………… 82
　　一、廉租房资金供给 ……………………………………………… 83

二、经适房和限价房资金供给 ··· 83
　第四节　社会资本参与保障房建设可行性的博弈分析 ············ 84
　　一、模型设计 ·· 85
　　二、完全市场机制下"银行—开发商—居民"三方博弈 ········· 86
　　三、政府参与下"银行—开发商—居民"三方博弈 ············ 89
　　四、博弈分析结论 ··· 92
　第五节　本章小结 ·· 92

第六章　北京市保障性住房退出机制设计 ······························ 94
　第一节　保障房退出制度现状分析 ·· 95
　第二节　保障房梯度补贴动态退出机制设计 ····························· 97
　　一、理论准备 ·· 97
　　二、梯度补贴动态退出机制 ·· 101
　第三节　存在夹心层群体的保障房退出机制设计 ····················· 104
　第四节　本章小结 ·· 105

附录 ··· 107

参考文献 ··· 170

后记 ··· 177

第一章 绪论

作为本书的总括性描述，本章阐述选题的现实性与必要性，归纳文章总体的结构安排，对选题解决方案的构想，最后给出创新点归纳和拟解决的关键问题。

第一节 问题的提出

一、研究背景与意义

在我国，随着经济体制的变迁住房分配制度几经变化。改革开放以前，受苏联高度集中计划经济体制的影响，我国确立了住房公共福利分配的模式。因当时社会经济发展的需要，社会固定资产投资向生产领域倾斜，社会生活领域的投资相对较少，城镇居民人口数量的增加使居民住房出现紧张状态，居民住房水平普遍不高。为了适应经济发展的需要，1998年我国进行住房制度改革，取消了福利分房制度，开始推行货币化分房和商品化住房供应制度。在这一住房制度下，大量城镇居民的住房需求得以满足，住房条件得到改善，为房地产市场创造了良好的发展机会。在这一时期，住房供给数量、质量水平和住房建造标准等方面的指标稳步提升，但同时住房价格增长速度越来越快。居民购买商品住房一般是用于满足家庭居住需要，特别是在一些一线城市，商品房供不应求的矛盾使人们对未来房价有强烈的上涨预期，所以在这一时期购买商品房成为一种重要的投资手段，因此商品房售价最高纪录被不断刷新。2007年以来，居民收入增长的速度显著低于房价的增长速度，面对高房价，中低收入居民家庭的住房需求得不到满足、住房条件无力改善。为此，关于保障性住房制度与中低收入家庭安居问题的研究不仅具有重要的现实意义，同时也有很大的理论和学术价值。

居住需求是人类生存的基本需求。近年来，伴随北京市经济高速发展，房价迅速上涨，使中低收入家庭住房困难问题成为政府亟待解决的重要民生问题之一。2007年，北京市政府全面启动保障性住房建设，目前在政策落实、过程监督、数量质量保障以及建设配套方案等方面均取得了阶段性的成果。截至2011年9月中旬，北京市保障房开工数量已经超过18万套，达到预定全年任务的90%以上。

作为一项重要的民生工程，保障性住房的基本原则是满足中低收入家庭的基本住房需求，在制度设计与执行中的任何漏洞及偏差会影响社会资源分配的效率与公平，影响正常的社会经济秩序，甚至会影响到公众信心。以科学发展观为指导，综合考虑北京市人口资源环境承载能力，根据城市居民多层次的住房需求，北京市相关政府部门加强了对廉租住房、经济适用住房和限价商品住房的计划管理，引导和规范其他商品住房供应，建立低收入家庭住房有保障、中等收入家庭住房有支持、高收入家庭住房有市场的住房供应模式。

目前，北京市政府对保障性住房申请人制定了详细的准入条款以及轮候制度，为保障性住房合理有序地惠及中低收入住房困难家庭奠定了良好的政策基础，但仍有一些问题有待深入研究：第一，北京市保障性住房准入标准的测算方法及现行准入标准是否科学合理；第二，北京市保障性住房制度覆盖规模人口数量有多少；第三，政府需要投入建设保障性住房的资金总量是多少，资金来源渠道有哪些，是否可以实现收支平衡；第四，现有的保障性住房退出机制是否灵活、高效，即当享有保障性住房的家庭经济条件有了改善，在一套高效的退出机制作用下，保障房承租家庭、申购家庭应自愿并主动退出现有保障性住房，使保障性住房成为"能进肯出"灵活动态的保障体系，可以覆盖更多的中低收入住房困难家庭。

二、相关概念界定

保障性住房是与商品性住房相对应的一个概念，保障性住房（以下简称保障房）是指政府为中低收入住房困难家庭所提供的限定标准、限定价格或租金的住房。北京市保障性住房由廉租住房、经济适用房、限价商品房、公共租赁性住房、定向安置房和危房以及棚户区改造等形式组成，其中廉租房、经济适用房、限价商品房是主要保障模式，在本书中被统称为"三房"，也是本书主要研究对象。

保障性住房是专门针对中低收入家庭建设的具有社会保障性质的特殊住房。深化住房制度改革、停止福利性住房分配以来，随着经济发展和房改的深化，城镇居民的住房条件得到明显改善，特别是近年来保障性住房建设步伐进一步加快。按照党的十八大报告提出的要求，住房保障制度建设的基本方向是：加快建立市场配置和政府保障相结合的住房制度，完善符合国情的住房体制机制和政策体系，立足保障基本需求、引导合理消费，加快构建以政府为主提供基本保障、以市场为主满足多层次需求的住房供应体系，逐步形成总量基本平衡、结构基本合理、房价与消费能力基本适应的住房供需格局。

廉租住房（以下简称廉租房）是指政府以租金补贴或实物配租的方式，向符合城镇居民最低生活保障标准且住房困难的家庭提供社会保障性质的住房。北京市廉租房保障方式以租赁补贴形式为主，配合实物配租的形式，但近年来，为了提高廉租房对最低收入住房困难家庭的保障水平，政府相关部门开始加大对实物配租式廉租房保障方式的投入。租赁补贴方式是指住房保障管理部门向符合条件的申请家庭，按照规定的标准发放住房租金补贴，由其到市场上租赁住房。实物配租方式是指住房保障管理部门向符合条件的申请家庭提供住房，并按照其家庭收入的一定比例收取租金。对已承租公房的低收入家庭，按现行有关规定实行租金减免政策。

经济适用房（以下简称经适房）是指政府提供优惠政策，限定建设标准、供应对象和销售价格，向低收入住房困难家庭出售的具有保障性质的政策性住房。

限价商品房（以下简称限价房）是指政府采取招标、拍卖、挂牌方式出让商品住房用地时，提出限制销售价格、住房套型面积和销售对象等要求，由建设单位通过公开竞争方式取得土地，进行开发建设和定向销售的普通商品住房。因其售价比同等商品房价格低，是具有福利保障性质的特殊商品房形式，本书将其作为北京市保障性住房制度保障模式之一进行研究。

保障房制度保障规模是指现行保障房制度覆盖的人数比例，也就是说收入水平低于保障房准入标准的居民人数。保障房制度保障规模可以细分为廉租房制度保障规模、经适房制度保障规模和限价房制度保障规模，分别是指收入低于"三房"准入标准的居民人数。

夹心层群体是指因收入水平略高于保障房准入标准，但由于商品房价格过高不具备购房能力的那部分中等收入居民群体。夹心层群体实际上是被排除在保障房体系和商品房市场外的一部分居民，该群体可能成为住房"最困难"群体。

本书提到的保障房及"三房"制度，中低收入居民家庭如无特殊说明均指北京市城镇保障房和城镇非农户籍人口。

第二节　结构安排与解决方案构想

一、结构安排

除本章外，本书分五章围绕主题进行阐述，其主体结构如图 1-1 所示。

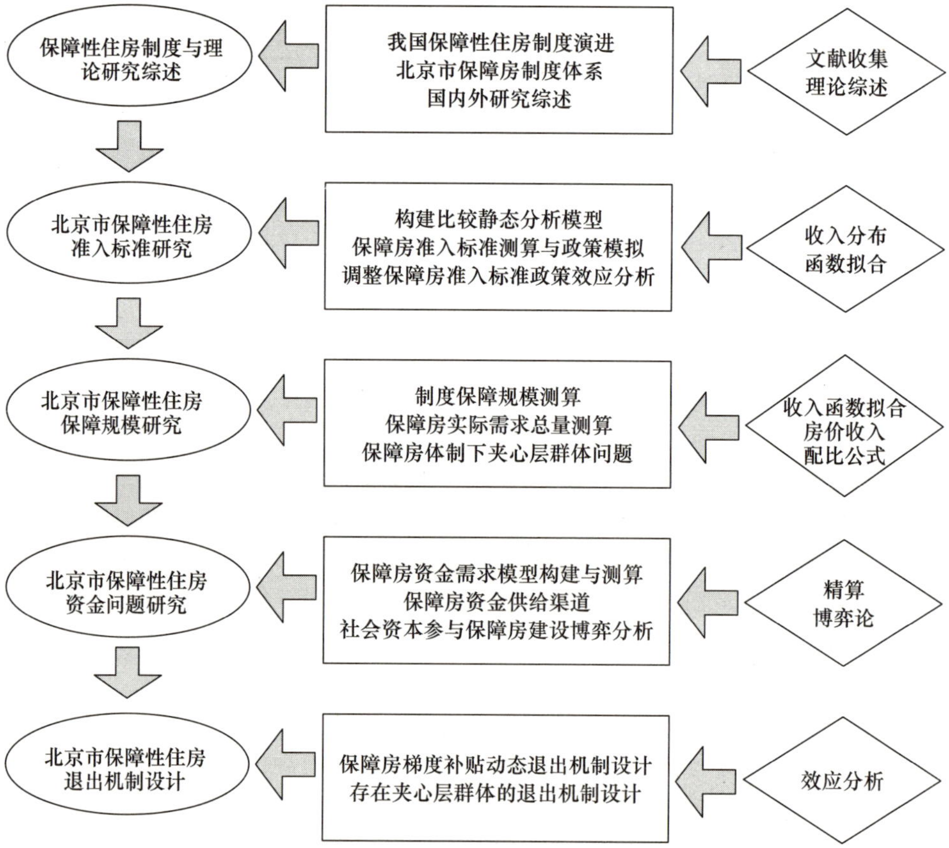

图 1-1 本书主体结构示意图

第二章是保障性住房制度与理论研究综述。首先，对我国住房制度进行了全面梳理，从新中国成立之初住房公共福利分配为主的模式，到 1998 年后的货币化分房和商品化住房供应制度，再到近年来的保障性住房制度，对不同时期的住房制度内容和特点进行系统阐述。其次，对北京市保障性住房制度从 2007 年启动以来的政策文件进行汇总与分类比较，从中得出北京市保障房以及"三房"制度的发展脉络。最后，对保障性住房制度的国内、国外研究进展进行了较全面的综述。

第三章是北京市保障性住房准入标准研究。构建比较静态分析模型作为全书理论研究基础，阐述了准入标准、保障规模和居民收入分布变化三者之间的关系。提出两种测算保障房准入标准的方法：一是在政府给定保障规模的情况下，基于收入分布函数拟合方法测算准入标准；二是从商品房市场价格出发，基于房价收入配比公式方法测算准入标准。结合收入分布函数拟合方法,在既定的保障规模下测算保障房"三房"准入标准线,并与现行的准入标准和制度保障规模做对比分析。以廉租房为例,当准入标准调整后计算政策效应差异性并进行政策模拟。

第四章是北京市保障性住房保障规模研究。对于保障规模赋予两种解读:一是制度保障规模,即在保障房"三房"制度准入标准覆盖的中低收入居民人数,并对"十二五"期间保障规模的变化趋势进行预测;二是对实际保障房需求总量的计算,即按照实际的商品房价格和居民实际收入水平计算的无力购买商品房居民的人数,这部分居民需要政府为其提供住房保障,以及对居民可以承受的商品房价格区间的测算。同时,对保障房体系和商品房市场间的夹心层群体规模进行测算,提出保障房体系内夹心层群体问题与群体规模计算方法。

第五章是北京市保障性住房资金问题研究。分别构建了廉租房、经适房、限价房的资金需求测算模型,而后汇总成北京市保障房资金需求总量模型,并利用相关统计数据进行了实证分析。归纳了保障房资金供给渠道类型,用博弈论方法证明社会资本参与保障房建设的可行性。

第六章是北京市保障性住房退出机制设计。在住房过滤理论、住房供求关系与住房需求理论、居民收入的住房消费比例与需要层次理论的基础上,本书提出了梯度补贴动态退出机制模型。针对夹心层群体问题,提出了存在夹心层群体时的保障房退出机制构想。

二、解决方案构想

本书围绕北京市保障房制度与中低收入家庭安居问题展开研究,提供了一套关于保障性住房准入标准、保障规模、资金需求和退出机制,基于数量分析方法的测算方法体系,基本行文逻辑如图1-2所示。

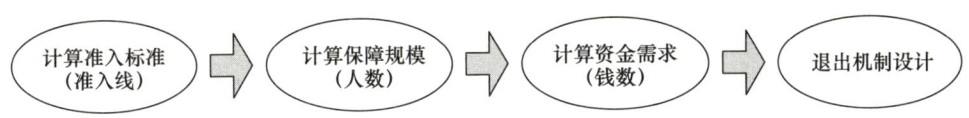

图1-2 文书主体逻辑示意图

在文献研究的基础上,特别是对北京市保障性住房2007年以后出台的各项保障房政策文件研读与对比分析,详细掌握保障房制度规则。以往研究中对保障房问题的理论研究居多、实证研究较少,本书运用数量分析方法对保障房制度的准入标准、保障规模、资金需求和退出机制提出一套系统的测算方法。该测算方法体系有一定的实用性和可推广性,可以作为经济研究和政府制定政策的参考依据。

第三节 创新之处和拟解决的关键问题

一、创新之处

本书的创新之处可以归结为以下几方面：

第一，把数理统计、博弈论等数量分析方法应用到对保障性住房制度问题的研究中，并提出了针对准入标准、保障规模、资金需求和退出机制等保障房主要制度环节的一套测算方法体系。该测算方法体系具有一定的实用性和可推广性。

第二，构造了房价收入配比公式。通过对传统房价收入比公式的改造，提出了房价收入配比公式，其既是准入标准测算的重要公式，也是计算房价既定下的保障房实际需求总量和收入水平既定下的商品房理性价格区间的重要工具，更是连接房价与居民收入的纽带，并且通过引入参数 α，可以进行 α 不同取值下政策模拟研究。

第三，提出基于收入分布函数拟合方法和房价收入配比公式的保障房准入标准的测算方法。一是通过拟合居民收入分布函数，可以建立起保障准入标准和制度覆盖人数比例的对应关系，为保障房"三房"在一定的保障规模下，计算准入标准提供了科学计算方法；二是基于房价收入配比公式，在当前房价既定下，提出了保障准入标准的测算方法。

第四，提出保障房资金需求总量的测算模型。通过对保障房资金需求总量目标的任务分解，依据保障房制度规则，分别构建了廉租房、经适房和限价房的资金需求测算模型，而后汇总成北京市保障房资金需求总量模型，并对保障房资金需求总量进行了实际测算。

第五，对保障房体系与商品房市场间的夹心层群体规模进行了测算，同时提出保障房体系内夹心层群体的问题和测算方法。

第六，提出保障房梯度补贴动态退出机制的设计构想，并针对存在夹心层群体的保障退出机制提出制度设计方案。

二、拟解决的关键问题

围绕本书的主题和预计实现的研究目标，需要重点考虑以下问题的解决方法：

第一，北京市保障房制度有其自身特点，所以在对其准入标准、保障规模、资金需求和退出机制进行研究时，对制度本身的研读和对比分析是关键问题。充分认识北京市保障房制度是科学构建本书测算方法体系的先决条件。

第二，对居民总体收入情况描述的准确程度决定对准入标准、保障规模和资金需求测算的准确性。本书选取收入分布函数拟合的方法，并且综合考虑目前研究中应用较多的函数驱动型的参数估计拟合方法，以及非参数估计的核密度函数拟合方法，最终选择了对我国中低收入居民收入表现较好的 Gamma 函数对收入分布函数进行拟合。

第三，在对保障房实际需求总量的测算中，需要从实际商品房价格和居民收入水平出发，计算保障房实际需求量和商品房理性价格区间。房价收入配比公式是连接房价与居民收入的纽带，并且通过引入参数 α，可以进行 α 不同取值下政策模拟研究。

第四，保障房梯度补贴动态退出机制设计需要解决保障房体制内"三房"腾退问题，研究保障房体系与商品房市场，尤其是体现在房价上的合理衔接问题，是需要解决的重点问题。此外，当考虑夹心层群体问题时，保障房退出机制的设计会更为复杂。

第二章　保障性住房制度与理论研究综述

保障性住房制度是当前一项重要的社会福利保障制度，是专门为中低收入家庭供应具有社会保障性质的住房，现阶段主要保障模式有廉租住房、经济适用房和限价商品房。停止福利性住房分配以来，随着经济的发展，我国房地产市场快速成长，住房建设快速发展，特别是近年来保障性住房建设步伐进一步加快，城镇居民的住房条件得到明显改善。按照党的十八大报告提出的要求，住房保障制度建设的基本方向是：加快建立市场配置和政府保障相结合的住房制度，完善符合国情的住房体制机制和政策体系，立足保障基本需求、引导合理消费，加快构建以政府为主提供基本保障、以市场为主满足多层次需求的住房供应体系，逐步形成总量基本平衡、结构基本合理、房价与消费能力基本适应的住房供需格局。

第一节　我国保障性住房制度演进

新中国成立以来，我国经济体制完成了由计划经济体制向市场经济体制的转变，住房制度也实现了由计划福利分配向社会保障模式的转变。在住房制度转变与完善过程中，住房市场随着经济环境的变化出现了一些阶段性的现实问题，特别是近年来房价过高，中低收入家庭在商品房市场购买住房越来越困难，保障性住房制度的出台旨在解决这一重大民生问题。我国保障房制度在不同经济发展阶段进行政策调整，不断地适应新情况、解决新问题。本节将以时间为序，梳理我国保障性住房制度形成与演进过程。

我国保障性住房制度经过新中国成立60多年来的演进，大体可分为两个发展阶段：一是1949~1998年传统计划经济体制下的福利住房阶段；二是1998年住房制度改革以来的住房市场化阶段，提出并逐步发展了我国社会化住房保障制度，初步形成了保障性住房及其制度体系。

一、计划经济体制下保障房制度及评价

新中国成立以来的相当长时间内，我国参照苏联经济体制模式，社会经济形态是计划经济体制下的公有制经济主导型经济模式。在这一时期内，住房制度也具备公有制计划经济体制下的特征，即对住房实行统一建设、统一分配的公有住房和住房福利分配的保障性住房模式。这种模式的制度特点可归纳为：国家作为投资主体负责建设住房，职工在所属单位提出公有住房分配申请，根据各单位房源保有状况，依照申请人职务、工龄、家庭人口以及成员关系等条件综合排序，由单位将规定面积的住房无偿分配给职工居住。

（一）计划经济体制下福利型保障房制度的形成与发展

新中国成立初期，我国经济基础十分薄弱，在社会生活的多领域广泛学习和模仿苏联模式，在住房制度上实行政府和单位福利供给的住房政策。从我国整个住房保障制度发展过程来看，这一时期比较特殊，实际上属于住房全民保障阶段。

这一时期，以"低工资、低租金加补贴、实物配给制"和"统一管理，统一分配，以租养房"为特征的住房制度，在当时经济发展滞后、居民消费层次较低水平上，对满足居民基本住房需求起到了决定性作用。然而，这种制度的弊端也是明显的：由于社会资本更多地投入到生产领域使新建住房的资金投入不足，住房建设数量明显跟不上城镇人口数量的增长，住房供给与需求不平衡成为当时的社会主要矛盾。

为了解决保障性住房建设资金和维护成本不足的问题，政府施行"以租养房"的政策，但由于租金不是由市场决定，也非按照住房成本核算所得，大部分租金水平过于低廉，对解决住房建设资金不足的困境效果并不显著。

直到改革开放前，这样的住房保障制度使我国城镇居民的总体居住状态维持在较低水平，居民居住条件改善的制度空间较小。据统计，改革开放前的30年，全国建设住房合计14.49亿平方米，用于住房建设的总投资为549.79亿元，人均住房投资不足300元，年人均住房投资不足10元。到1978年，城市人均居住面积从1949年的4.5平方米下降至3.6平方米①，住房供给严重不足。在这种情况下，我国自1980年起注重市场在住房资源配置中的作用，开始着手对福利性住房制度进行改革。

（二）计划经济体制下福利型保障房制度评价

新中国成立初期，我国生产力水平较低，经济基础薄弱，人民生活水平普遍

---

① 成思危. 中国城镇住房制度改革——目标模式与实施难点［M］. 北京：民主与建设出版社，1999.

不高的情况下，全民保障型的住房保障制度为满足群众基本住房需求提供了有效的制度保障，同时体现了新中国社会主义制度的优越性。但随着生产力水平的发展，国家经济水平和人民生活水平的提高，对生产领域的社会投入要优先于生活领域的投入，加之当时城镇人口数量的上升，住房问题开始凸显供不应求的态势。在此后的相当长时间里，住房保障制度并未有根本性的变革，住房供不应求，居民居住水平较低的现实问题也没有得到及时的解决与改善。

这一时期住房保障制度的弊端可以归结为：

第一，居民对住房投入缺乏主动性和自觉性，对福利分房制度过度依赖，使得住房成为完全意义上的社会福利保障品，无偿分配制度使得住房不具备商品属性，住房市场未能形成。完全依靠政府和单位资金投入有限，使住房的供给数量和质量逐渐萎缩。

第二，根据住房保障制度，政府和单位承担了住房建设、维护保养的全部费用，资金投资负担重。因住房投入为非生产性建设项目投入，给政府造成资金负担的同时，也影响到企事业单位主营生产经营业务的正常资金运转。

第三，市场机制作用在这一住房保障制度中受到抑制，同时抑制了房地产市场发展的空间与可能性。改革开放后，在住房市场化改革后的实践中已经证明了，房地产市场的发展对拉动地区乃至全国经济增长发挥着重要作用。

第四，住房保障制度施行后期，出现的"以权谋房"等不平等分配现象，使本就比较尖锐的住房供求不平衡的社会矛盾进一步加深，产生了更深层次的社会问题。

综上所述，生产力的进步、社会经济的发展决定了这一住房保障制度已经不适合社会发展的需要，不能满足居民基本住房需求，亟待新的、顺应时代发展要求的住房保障制度的出台。

二、市场经济体制下保障房制度的确立与发展

经济体制改革的不断深入改变了传统全民保障型住房保障制度运行的基础。为了提高社会资源的利用效率，我国在住房领域开始施行住房商品化、社会化改革。考虑到城镇居民收入水平的差异性，单一的由住房市场满足全体居民住房需求在实践中表现出一定的局限性。为了配合住房制度改革，解决中低收入居民住房困难问题，政府开始推行保障性住房制度，与商品房市场一起，构成了我国当前多供给结构、多层次的住房体系。

（一）计划商品经济阶段保障房制度的开端

早在1978年9月，邓小平就提出解决住房问题能不能路子宽些[①]。1980年4

---

① 王微. 住房制度改革[M]. 北京：中国人民大学出版社，1999.

月，邓小平在与中央负责同志的谈话中进一步指出：“关于住宅问题，要考虑城市建筑住宅、分配房屋的一系列政策。城镇居民个人可以购买房屋，也可以自己盖……可以一次付款，也可以分期付款……要联系房价调整房租……逐步提高房租……鼓励公私合营或民建公助，也可以私人自己想办法。"① 同时，学术界就此问题展开了激烈讨论，其中较有影响的是苏星在《红旗》杂志上发表的《怎样使住宅问题解决得快一些?》，住房的商品属性在学术界的讨论中基本达成共识。这为我国住房制度和住房保障制度改革奠定了必要的理论基础。

在展开讨论的同时，一些地区的房改试点工作逐步展开。其中，有河南南阳等地的"公建私助"建房试点，西安对新建成的住房以成本价进行销售；中共中央国务院批转的《全国基本建设工作会议汇报提纲》中正式提出实行住房商品化政策，并提出将共有住房销售试点工作推广到全国其他主要城市，标志着中央政府正式实行商品化住房政策。1986 年，国务院成立的"住房制度改革领导小组"和"领导小组办公室"，为住房商品化政策的执行提供了专门机构组织保障，负责制定后期具体的房改工作方案。

这一时期，人们开始逐步认识到住房的商品化属性，住房应属于个人消费品并实行商品化消费，但受旧的制度观念的影响，单位和个人对住房制度还存有全民保障型住房制度时期的惯性，住房商品化改革并未全面展开。部分地区和单位取消住房无偿分配，执行按成本价销售的方式，但总体上仍沿袭计划经济体制下的住房保障制度，只是在住房产权和收费等方面做出了初步的尝试。在这一阶段，对住房改革新的思想和制度并未形成，保障性住房的概念并未提及。

(二) 社会主义市场经济体制下保障房制度的形成

社会主义市场经济体制在党的十四大被确立为我国经济体制改革的目标，为保障住房制度指明了改革方向，会议提出经济适用房为基本保障住房形式。这一时期，保障房制度改革主要以市场经济理论为指导，以住房商品化、市场化和社会化为改革思路，全面设计改革目标、原则和内容，把住房保障制度改革推向了实质阶段。1994 年 7 月，国务院发布《关于深化城镇住房制度改革的决定》（以下简称《决定》），标志我国住房制度改革进入了一个新的历史阶段。《决定》指出，住房建筑成本由政府、集体、个人三方按照合理比例承担，住房实物福利分配方式改为工资货币分配方式，建立住房公积金制度、建立并逐步实施以经济适用房为主要形式的保障性住房制度用以保障中低收入居民的住房需求。从这一文件发布实施起，以经济适用房为主要保障形式的保障性住房制度正式确立。

(三) 保障房制度体系逐步健全和快速发展阶段

住房分配制度改革赋予居民购房自住选择权，促进了我国房地产行业的迅

---

① 国务院住房制度改革领导小组办公室. 城镇住房制度改革 [M]. 北京：改革出版社，1994.

速发展。由于商品房在这一时期的大量供给，居民居住水平和居住条件得到了整体改善。但一些新的社会问题逐步显露出来，表现在居民人均可支配收入水平的增长速度明显缓慢于商品房价格的快速增长，住房价格过高导致的购房难问题已成为群众的共识，特别是中低收入居民的基本住房需求更得不到保障。

为此，1998 年 7 月，国务院发出了《关于深化城镇住房制度改革加快住房建设的通知》（以下简称《通知》），提出停止住房实物分配并逐步推行住房分配货币化，全面实行和不断完善住房公积金制度，要建立和完善以经济适用住房为主要形式的保障性住房供应体系，加快保障性住房建设。为落实《通知》精神，建设部印发了《关于大力发展经济适用住房的若干意见》的通知，明确规定了发展经济适用住房的目的和原则，以及经济适用住房的建设规划、价格，以及物业管理等内容。在 2003 年 8 月国务院发布《关于促进房地产市场持续健康发展的通知》中，将经济适用房明确定为具有保障性质的政策性商品房。2004 年建设部等部委先后颁布了《城镇最低收入家庭廉租住房管理办法》和《经济适用住房管理办法》等政策规章，我国保障性住房的框架体系初步形成。2005 年后，针对我国房地产市场运营中存在的问题，国家出台了一系列宏观调控措施，住房由完全市场化供给模式开始向加强住房保障制度建设转变。在国务院颁布的《做好稳定住房价格工作的意见》（俗称"国八条"）和《国办 37 号文》（俗称"国六条"）中，明确规定各地区要按照规定，加快发展经济适用房和廉租房建设，并逐步完善保障房制度。《关于调整住房供应结构稳定住房价格的意见》（俗称"国十五条"）是对"国六条"要求的进一步细化，指出应加快廉租住房建设，稳步扩大廉租住房制度覆盖面，廉租住房作为保障性住房体系的重要组成部分，是解决低收入家庭住房困难问题的主要手段，同时，应进一步完善经济适用住房制度，着力解决建设和销售中存在的问题，保证低收入家庭的住房需要。

党的十七大报告中提出要实现"住有所居"和"健全廉租住房制度，加快解决城市低收入家庭住房问题"。2007 年 8 月，《国务院关于解决城市低收入家庭住房困难的若干意见》指出解决城市中低收入居民住房困难问题应作为维护群众利益工作的首要内容，该意见还对廉租房和经适房提出分阶段工作目标和具体工作准则，要求廉租房以货币补贴和实物配租为主要保障方式，廉租房建筑面积小于 50 平方米，确保建设资金来源稳定。经适房保障对象为低收入居民家庭，并做到与廉租房保障对象衔接，单套建筑面积 60 平方米以下，并严格上市交易管理。与此同时，出台的《廉租住房资金管理办法》、《廉租住房保障办法》以及新的《经济适用住房管理办法》，标志着我国保障性住房政策体系逐步趋于完善。

第二节　北京市保障性住房制度体系

北京市保障性住房制度从 2007 年开始全面启动并逐步完善。北京市人民政府、市住建委、市财政局等相关政府部门 2007 年起集中出台针对保障房的政策文件，对制度执行中出现指标量化等实际问题不断给出解释说明，截至 2013 年已经形成了较为完备的保障房制度体系。北京市保障性住房制度体系正逐步形成一个严谨、可操作性强的，并处于不断发展完善的社会保障制度体系。

《国务院关于解决城市低收入家庭住房困难的若干意见》（国发〔2007〕24 号）是一个关于保障性住房实施的纲领性文件，根据文件精神，全国各级人民政府针对本地区实际情况着手制定地区性保障性住房政策法规。北京市政府于 2007 年 9 月相继出台《北京市城市廉租住房管理办法》（京政发〔2007〕26 号）、《北京市经济适用房管理办法（试行）》（京政发〔2007〕27 号），2008 年 6 月的《北京市限价商品房管理办法（试行）》（京政发〔2008〕8 号），这些文件的出台标志着北京市保障性住房建设全面启动。

一、北京市保障性住房基本保障形式

北京市保障性住房以廉租住房、经济适用房、限价商品房为主体，配合定向安置房和危旧房和棚户区改造等形式，根据申请人收入水平、人均住房使用面积、家庭总资产等条件的差异，通过提供多种住房供给结构，多层次的住房保障用于满足中低收入家庭基本住房需求的福利保障制度。其中，廉租住房、经济适用房和限价商品房是主要的三种保障形式。

（一）廉租住房制度

廉租房制度是针对低收入住房困难家庭，旨在满足其基本住房需求的住房保障形式。廉租房的供应对象是包括城市低保家庭等收入水平最低且住房困难的家庭。保障方式以发放租赁住房补贴为主，实物配租为辅。其中，实物住房主要配租给家庭成员中有 60 周岁及以上老人、严重残疾人员、患有大病人员的家庭和承租危房及面临拆迁的家庭。

租赁住房补贴方式是指住房保障管理部门向符合条件的申请家庭，按照规定的标准发放住房租金补贴，由其到市场上租赁住房。实物配租方式是指住房保障管理部门向符合条件的申请家庭提供住房，并按照其家庭收入的一定比例收取租

金。对已承租公房的低收入家庭,按现行有关规定实行租金减免政策。

廉租房申请人经济情况应符合下述条件,如表2-1所示。

表2-1 北京市城六区城市居民申请廉租住房准入标准

家庭人口	家庭年收入①	人均住房使用面积	家庭总资产净值
1人	11520元及以下	7.5平方米及以下	15万元及以下
2人	23040元及以下	7.5平方米及以下	23万元及以下
3人	34560元及以下	7.5平方米及以下	30万元及以下
4人	46080元及以下	7.5平方米及以下	38万元及以下
5人以上	57600元及以下	7.5平方米及以下	40万元及以下

资料来源:引自京建住[2007]1129号文件。

廉租房房源采用新建和收购方式筹集。来源主要有:政府出资建设的廉租住房,其中新建廉租住房主要在普通商品住房、限价商品住房、经济适用住房项目中按照一定比例配建,由政府回购,不足部分可采取集中建设方式,政府出资收购的住房,社会捐赠的住房和其他渠道筹集的住房。对申请廉租房的家庭采取三级审核、两级公示制度。对申报中的弄虚作假者、非自住或挪作他用者给予严厉处罚,严重者可以追究其法律责任。

(二)经济适用房制度

经济适用住房是指政府提供优惠政策,但限定建设标准、供应对象和销售价格,供应对象为低收入住房困难家庭的具有社会保障性质的政策性住房。经济适用房的基本原则是满足低收入住房困难家庭的基本住房需求。但在供应对象上,《国务院关于解决城市低收入家庭住房困难的若干意见》(国发[2007]24号)中特别强调,经济适用房的供应对象应该与廉租房的供应对象衔接。

经济适用房申请准入标准汇总情况如表2-2所示。

表2-2 北京市城六区城市居民申请经济适用房准入标准

家庭人口	家庭年收入	人均住房使用面积	家庭总资产净值
1人	22700元及以下	10平方米及以下	24万元及以下
2人	36300元及以下	10平方米及以下	27万元及以下
3人	45300元及以下	10平方米及以下	36万元及以下
4人	52900元及以下	10平方米及以下	45万元及以下
5人以上	60000元及以下	10平方米及以下	48万元及以下

资料来源:引自京建住[2007]1129号文件。

① 2010年8月施行的新准入标准,即人均家庭年收入低于960元。

经济适用住房采取集中建设和商品住房项目配建方式筹集，也可采取在市场上收购二手房、单位集资合作建设的房屋或社会机构投资建设的房屋等方式筹集。申请家庭审核采取三级审核、两级公示制度，采用轮候摇号方式配售。对申请人不如实申报、弄虚作假的在监督管理办法中制定了相应的惩罚措施。

经济适用房购买人拥有对住房的有限产权。在购房人购入经适房不足5年的不允许出售，若有原因必须要出售的，由政府相关部门按原价回购并扣除房屋折旧等费用。购买经适房超过5年的，按照出售溢价的70%补缴土地收益等价款。上述制度规定体现了经适房制度的公平合理性，从制度上防止投机行为的发生。

（三）限价商品房制度

限价商品房制度与上述两种保障房形式相比有所区别，在《北京市人民政府关于印发北京市限价商品房管理办法（试行）通知》（京政发［2008］8号）中指出，限价商品住房是政府采取招标、拍卖、挂牌方式出让商品住房用地，并提出限制销售价格、住房套型面积和销售对象等要求，以公开竞争方式，符合资质条件要求的建设单位取得土地，并进行开发建设和定向销售的普通商品住房。实际上限价房具有商品房和政策性住房的双重属性，从限价房的供应对象、申请条件、资格审查、销售价格等方面考察时不难发现，与一般意义上的普通商品房相比，限价房更偏向于政策性住房的属性，所以在实际政策执行和理论研究中，经适房是被作为住房保障的一种重要形式，并被给予足够多的关注。

限价商品房建设选址在交通便利、市政交通基础完善的地区。套内建筑面积90平方米以下，严格控制一居室60平方米、二居室75平方米的建筑标准，限价房的售价本着建设成本加合理利润的原则定价。对限价房申请人的资产要求汇总如表2-3所示。

表2-3　北京市城六区城市居民申请限价商品房准入标准

家庭人口	家庭年收入	人均住房使用面积	家庭总资产净值
3人及以下	8.8万元及以下	15平方米及以下	57万元及以下
4人及以上	11.6万元及以下	15平方米及以下	76万元及以下

资料来源：引自京建住［2008］226号文件。

购买限价商品住房实行申请、审核和备案制度。本市各区县政府负责组织建设的限价商品住房，主要由本区县安排使用，市住房保障管理部门可根据实际情况从中安排一定比例用于统筹分配。

限价商品房购房人拥有对房屋的有限产权。已购限价商品住房家庭取得契税完税凭证或房屋所有权证满5年后，可以按市场价出售所购住房，应按照市有关部门公布的届时同地段普通商品住房价格和限价商品住房价格之差的一定比例缴纳土地收益等价款,缴纳比例为35%。对限价房申请人弄虚作假行为采取处罚措施,触犯法律的依照法律条款追究责任。

二、北京市保障性住房制度的其他保障形式

(一)定向安置房

定向安置房是政府在进行城市道路建设和其他公共设施建设项目时,对被拆迁的住户进行安置所建的房屋。

2005年,北京市在新的城市空间格局基础上,将全市18个区县从总体上划分为首都功能核心区、城市功能拓展区、城市发展新区和生态涵养区四大功能区。其中,首都功能区包括东城区和西城区,此区域集中展现古都特色,体现北京作为中国政治、文化中心和国际交往中心功能,也是首都功能的最主要载体。但该区为老城区,人口居住密度大、人数众多、居住便捷性等因素制约着首都功能区的发展。

2011年12月,《关于首都功能核心区人口疏解对接安置房有关问题的通知》(京建法〔2011〕9号)为加快首都功能区人口疏散工作提供了可行方案与制度保障。该通知指出,安置首都功能核心区疏解居民所需住房建设土地采用行政划拨方式,用于人口疏解对接安置房的产权性质按照经济适用住房产权管理办法执行,疏解居民获得的经济适用房交易时间不受限制,并且给予购买人经济适用房上市交易按成交额的3%补缴土地出让金等优惠政策。

(二)危旧房与棚户区改造

城市和国有工矿棚户区是指国有土地上集中连片建设的,简易结构房屋较多、房屋使用功能不全、市政基础设施不全、居住环境恶劣、社会问题突出、居民改造愿望迫切,采取土地一级开发等市场运作方式无法实现资金平衡且难以改造的区域。

2011年12月,《关于加快我市城市和国有工矿棚户区改造工作的实施方案》(京政办发〔2011〕1号)出台,明确了政府主导、市场运作、以人为本、全面改造、统筹规划、分步实施的危旧房与棚户区改造的基本原则,该方案对门头沟采空棚户区、丰台南苑棚户区、通州老城棚户区"三区三片",对京煤集团门头沟、房山、大兴矿区,首农集团永乐店农场和丰台长辛店五个项目提出了详细的改造方案和进度安排。明确相关政府部门职责,财政资金保障到位,为北京市危旧房和棚户区改造提供了制度保障。

(三)公共租赁性住房

公共租赁住房是指政府提供政策支持,限定户型面积、供应对象和租金水

平，面向本市中低收入住房困难家庭等群体出租的住房。2010年《关于加快发展公共租赁住房的指导意见》（建保［2010］87号）和《北京市公共租赁住房管理办法（试行）》（京建住［2009］525号）文件的相继出台，标志着公共租赁性住房工作全面正式启动。

与保障房"三房"等住房保障形式相比较，公租房最大的特点是保障对象不再受户籍限制，保障对象除了有本市户籍的中低收入住房困难家庭外，还将新就业职工和有稳定职业并在城市居住一定年限的外来务工人员纳入保障范围。可见，公租房制度设计更贴合本市居民实际生活需要，是保障房制度保障水平提高与完善的重要表现。

新建公共租赁住房采取集中建设或配建相结合的方式，户型以一居室、二居室小户型为主。向符合下列条件之一的申请人提供公租房：

第一，廉租住房、经济适用住房和限价商品住房轮候家庭。

第二，申请人具有本市城镇户籍，家庭人均住房使用面积15平方米（含）以下；3口及以下家庭年收入10万元（含）以下、4口及以上家庭年收入13万元（含）以下。申请家庭要推举一名具有完全民事行为能力的家庭成员作为申请人。

第三，外省市来京连续稳定工作一定年限，具有完全民事行为能力，有稳定收入，能够提供同期暂住证明、缴纳住房公积金证明或参加社会保险证明，本人及家庭成员在本市均无住房的人员。具体条件由各区县人民政府结合本区县产业发展、人口资源环境承载力及住房保障能力等实际确定。

产业园区公共租赁住房主要用于解决引进人才和园区就业人员住房困难，具体申请条件由产业园区管理机构确定并报区县人民政府批准后实施。

公共租赁性住房只供租赁，不能购买房屋产权。租金价格本着保本微利的原则，并结合申请人负担能力以及在同类地段租金做一定比例下浮的情况下，综合确定。租赁期限为3~5年，到期前3个月可续签租赁合同。对违反公租房审核制度，申请过程中对资产虚报瞒报的给予处罚，构成犯罪的追究法律责任。

第三节　国内外研究综述

住房是生活必需品，在人类社会发展进程中，住房问题始终是一个重要的社会问题。在城市化、工业化高速发展的现代社会，住房及住房保障问题在人口居住密度较大的高度发达的大城市表现得尤为集中。在人类文明高度发达的今天，住房和住房保障制度可以体现国家和地区的文化、社会、政治风貌，是受多方普遍关注的世界性问题。为此，国内外学者从不同角度对住房和住房保障制度展开充分的理论与实证研究。

一、国外研究综述

住房为人们提供了私密空间和庇护场所，也是当代社会重要的投资理财工具，住房也是财富与社会地位的象征①。为此，一些学者在研究中把财富、社会地位和生活质量与住房联系起来做关联分析②。还有学者从住房与社会稳定问题角度出发，认为住房问题关系到一国居民的生活质量和切身利益，住房与住房保障制度是否适应本国国情是关系到国民福祉和社会稳定的关键因素③。

（一）保障房与公共住房关系研究

保障性住房概念在不同国家语言中表述不同。在西方国家的语境中，相对应的概念是公共住房（Public Housing），这些住房基本由政府投入建设，与其他普通住房的重要区别在于住房产权公有。我国保障性住房建设中资金投入除政府外，允许民间资本参与投资建设，且经适房和限价房购买者拥有房屋的有限产权，因此有学者将公共住房与我国保障性住房区别看待④。但从广义经济学的视角看，我国保障性住房虽不属于纯粹个人物品，但至少具有准公共品属性，承担着为中低收入居民提供住房保障的社会福利性功能，因此未必需要做严格区分。法国政府早在1894年就出台了建立廉价住房(HBM)制度的法律，1962年法规进一步规定市镇和省级政府可以成立专门的机构，负责制定本地区廉价住房的方案和具体实施工作⑤。俄罗斯延续了苏联时期的公共租赁住房制度，住房形式分为两种：一种称为公共合住房，卫生间和盥洗室公用；另一种则是独立的公共套房，房屋产权公有，住户无权出售、赠与住房，若要改变房屋结构需要上报，获得政府相关部门认可后方可施工⑥。在中国香港，公共保障性住房被称为公营房屋，分为出租型公共住房的公屋和出售型公共住房的居屋两种方式⑦。日本的公共保障性住房被称为公有住宅，由中央和地方政府、联合公共团体共同出资建

---

① 张金鹗. 住宅问题与政策架构之研究 [J]. 台湾政治大学学报，1991 (62).
② Adams J. S. The Meaning of Housing in America [J]. Annals of the Association of American Geographers, 1984 (4): 515 - 526.
③ Adela Adam Nevitt. Housing in a Welfare State [J]. Urban Studies, 1977 (14): 33 - 40.
④ 冯念一，陆建忠，朱嬿. 对保障性住房建设模式的思考 [J]. 建筑经济，2007 (8).
⑤ 顾玉清. 法国对保障性住房常抓不懈 居者有其屋是基本福利 [EB/OL]. 2011 - 01 - 18. 人民网，http://world.people.com.cn/GB/13753703.html.
⑥ 张光政. 俄罗斯结婚未必要买房 入住公共住房程序不复杂 [N]. 人民日报，2011 - 01 - 21.
⑦ 刘佳燕，万旭东. 借鉴香港经验谈租赁型公共住房在我国的发展前景 [J]. 北京规划建设，2007 (6): 69 - 75.

设,包括公营住宅、公团住宅和公库住宅三种保障形式①。新加坡公共保障性住房制度较为完备,其公共保障房被称为"组屋",一直是亚洲其他国家学习和研究的对象,其制度特点主要是由政府主导,建屋发展局作为保障房建设的专门机构负责建设,组屋供应对象主要为雇员阶层②。

(二)公共保障性住房的租金管理研究

在国外,通常保障住房产权公有,且多采用租赁型住房模式。为了降低住房租金水平,减轻承租方的租房负担,政府会出台公共保障住房租金价格控制措施,力求保障中低收入居民的基本住房权利。为此,租金控制问题成为国外学者研究的热点问题之一。

在欧洲,租金控制对于房地产市场运行效率问题是受到学术界和政府关注的问题。Arnott(1988、2003)和 Hans Lind(2003)研究认为,早在"一战"时期一些国家开始在住房政策中引入租金控制机制,并且在相当长的时间内延续着这种政策③。美国纽约市则先后经历了较长时间的租金控制和解除租金控制的过程④。Olsen(1972)从承租人和房主两方面分别测算了纽约市租金控制政策效应,如果不考虑寻找住房的成本,租金控制策略可以使承租人实际收入提高3.4%,房主实际收入减少的额度是承租人收入增加额的2倍⑤。Gyourko 和 Linneman 利用1968年的数据资料研究表明,贫困家庭在租金控制计划中获益较多,且在不同收入群体中租金控制计划的租金获益分配效应是不同的⑥。在后续研究中,他们还发现,租金控制可能对住房质量产生消极影响,房主因为租金控制计划不会对房屋养护、装修等方面花费太大成本,促使房屋加速折旧。其他的欧洲学者对租金控制的研究还有确定租金标准和控制租金上涨两方面,提出的针对性措施包括租金机制设计、初始租金标准和新建住房租金确定的问题(Malpezzi

---

① A Quick Look at Housing in Japan(英语版,日本の住宅事情)[J]. 财团法人日本建筑, 2003(5).
② 郭伟伟. "居者有其屋"——独具特色的新加坡住房保障制度及启示[J]. 当代世界与社会主义, 2008(6).
③ Arnott R. Rent Control: The International Experience [J]. Journal of Real Estate Finance and Economics, 1988(1): 203 – 215; Arnott R. Tenancy Rent Control [J]. Swedish Economic Policy Review, 2003(10): 89 – 121; Hans Lind. Rent Regulation and New Construction: With a Focus on Sweden 1995 – 2001 [J]. Swedish Economic Policy Review, 2003(10): 135 – 167.
④ Joseph Gyourko, and Peter Linneman. Rent Controls and Rental Housing Quality: A Note on the Effects of New York City's Old Controls [J]. Journal of Urban Economics, 1990(27): 398 – 400.
⑤ E. O. Olsen, An Economic Analysis of Rent Controls: An Empirical Analysis of New York's Experience [J]. Journal of Political Economy, 1972(11): 1081 – 1110.
⑥ Joseph Gyourko, and Peter Linneman. Equity and Efficiency Aspects of Rent Control: An Empirical Study of New York City [J]. Journal of Urban Economics, 1989(26): 54 – 64.

and Ball; Bengt Turner and Malpezzi, 2003)①。

对租金控制的反面声音主要是有学者提出租金控制计划可能存在过度管制的问题。Malpezzi（1990）认为，租金控制计划造成过度管制的原因可归结为以下四方面：第一，忽视了成本与收益的内在关系；第二，租金控制计划执行中可能被打折扣，从自身利益最大化的角度出发，承租人或房主都力求使规则更有利于自身获利；第三，租金控制导致过度管制时可能使承租人和房主的租赁关系破裂；第四，可能出现寻租现象②。

（三）过滤理论与保障房提供的关系研究

住房过滤理论是研究住房在一国住房市场机制下，在不同的住房细分子市场之间和子市场内部供求关系流转变化的过程，可以用来分析不同市场环境下住房政策效果。住房过滤理论最早由 Burgess（1925）研究芝加哥城市规划问题时提出，但过滤理论不仅用来研究城市规划问题，还可以对住房市场运行的状态进行模拟分析③。Burgess 认为，住房过滤理论中的主体是住房，一些收入水平较高的人开始新建了住房，但随着时间的推移，住房会在结构、装潢、周边环境等方面老化过时，收入水平较高的居民开始寻求更好的住房，而被淘汰的住房会重新回到住房市场，供收入水平相对较低的居民购买居住。

Sweeney（1974a、1974b）的主要贡献在于完善了 Burgess 的住房过滤模型，并构建了概念框架，通过这个模型可以计算出租金水平、住房新建比例、住房存量等重要指标④。该模型还首次引入了房屋耐久性和房屋质量级别体现住房过滤理论特点的变量，可以得出不同于以往的研究结论。

Lowry（1960）给出认同度较高的住房过滤定义：过滤是指在统一的价格指数下，住房实际价值发生变化，住房的整个生命周期的变化全过程⑤。

Ohls（1975）建立了住宅市场的模拟模型，研究了住房过滤理论对保障性住房的影响，通过模拟测算，他认为政府可以对低收入居民提供住房补贴，这样可

---

① Malpezzi, Stephen and Gwendolyn Ball. Rent Control in Developing Countries [D]. World Bank Discussion Paper, 1991; Bengt Turner and Stephen Malpezzi. A Review of Empirical Evidence on the Costs and Benefits of Rent Control [J]. 2003 (8): 25.

② Malpezzi, S. Rental Housing in Developing Countries: Issues and Constraints [J]. Rental Housing: Proceedings of the Expert Group Meeting, UNCHS, 1990 (4): 104.

③ W. Burgess. The Growth of the City in The City, Editors, R. E. Park and E. Burgess [M]. Chicago, Illinois: University of Chicago Press, 1925.

④ Sweeney J. L. Quality, Commodity Hierarchies and Housing Markets [J]. Econometrica, 1974 (49): 147 – 167; Sweeney J. L. A Commodity Hierarchy Model of the Rental Housing Market [J]. Journal of Urban Economics, 1974 (1): 288 – 323.

⑤ Lowry I. S. Filtering and Housing Standards: A Conceptual Analysis [J]. Land Economics, 1960 (36): 362 – 370.

以增强他们的住房购买能力，但更直接有效的政策是政府通过财政投入为低收入居民新建住房，保障性住房的存在会改变原有的住房市场结构，表现为私人新建住房的减少，住房退出比率增加，住房过滤到下级细分子市场的数量减少①。

Braid（1988、1991）从开发商的角度，考虑了房屋位置条件和经济条件变化等因素时，不同收入居民的住房密度、住房过滤边界、承租人弃房等问题的研究②。近年来，过滤模型被越来越多地用于对住房市场结构问题的研究。Arnott 和 Braid（1997）对住房过滤的方向提出了新观点，即住房可以由高向低过滤，也有可能由低向高过滤，这可以解释北美地区旧房价格上涨的现象③。

McDonald 将住房市场划分为高、中、低三个子市场，提出了三市场过滤模型，主要内容为：

第一，按照质量将住房由高至低的等级分级排列，从高级别住房到破旧公寓。

第二，住房质量等级与居民收入水平正相关，即收入水平高的居民购买质量最高等级的住房，低收入居民购买居住低等级水平住房。

第三，市场机制作用下，不同收入阶层的居民可以分别进入不同住房质量等级的住房子市场，价格由市场决定。

第四，各个住房质量等级子市场不是完全被分割，各子市场的住房在一定时期可以相互替代。

第五，高质量等级的住房会逐步过滤到较低等级的住房市场，由收入较低的居民购买居住，直至被拆除④。

（四）公共保障性住房政策及效果评价研究

西方国家对保障性住房政策研究底蕴深厚，已经形成了比较完备的保障性住房政策体系。Hårsman 和 Quigley（1991）⑤ 指出，住房政策应具备如下典型特征：

第一，住房是生活必需品，且在居民私人资产中价值较大，所以住房政策制定科学合理与否关系居民福祉。

---

① Ohls J. C. Public Policy Towards Low – income Housing and Filtering in Housing Markets ［J］. Journal of Urban Economics, 1975（2）：144 – 171.

② Braid, R. M. Uniform Spatial Growth with Perfect Foresight and Durable Housing ［J］. Journal of Urban Economics, 1988（23）：41 – 59；Braid, R. M. Residential Spatial Growth with Perfect Foresight and Multiple Income groups ［J］. Journal of Urban Economics, 1991（30）：385 – 407.

③ Arnott, Richard J. and Ralph M. Braid. A Filtering Model with Steady – State Housing ［J］. Regional Science and Urban Economics, 1997（27）：515 – 546.

④ 阿瑟·奥沙利文. 城市经济学（第四版）［M］. 北京：中信出版社，2003.

⑤ Hårsman B. and Quigley J. M. Housing Markets and Housing Institutions：An International Comparison ［M］. Kluwer Academic Pub, Boston, 1991.

第二，保障性住房制度是一个长期性制度，尤其是住房补贴型保障制度中，补贴的发放是个长期行为，应考虑到政府财政负担能力做出长远规划。

第三，保障性住房制度与其他社会福利制度一样，与宏观经济发展的稳定程度密切相关。

第四，保障性住房制度设计、执行以及效果评价都比较困难，原因在于其制度执行的效果显现具有滞后性，因此，住房政策的不确定性是长期存在的。

在现代社会，保障性住房制度要兼顾住房市场的效率与公平，也就是说，在不破坏住房市场经济运行机制下要兼顾住房的效率与公平，提高具有稀缺性的政府保障性住房的配置效率，提高社会宏观经济的运行效率。住房政策需要明确政策目标、具体实施步骤等内容，还要明确制度执行中可能产生的利益分配关系，如住房实物分配、货币补贴、住房收益的税费减免等。

二、国内研究综述

（一）住房保障制度和保障房内涵的研究

新中国成立后，住房一直作为社会福利实行无偿或低租金政策供居民居住，实际上形成了住房实物分配制度。这种实物分配构成了职工收入的一部分，资金主要由政府投入（苏星，1991）。随着经济的发展，城镇居民人口数量的增加，依靠政府和单位投入建设的住房明显跟不上人口增长的数量，虽然政府投入了大量资金建设住房，但居民的居住条件并没有得到明显改善。改革开放以来，住房的经济属性问题引起了学术界的广泛讨论。1980年4月邓小平指出，"关于住宅问题，要考虑城市建筑住宅、分配房屋住宅的一系列政策。将来房租提高了，对低工资的职工要给予补贴。这些政策要联系起来考虑。建房可以鼓励公私合营或民建公助，也可以私人自己想办法。"[①] 此后，政府先后出台了一系列住房制度改革方案，主要围绕住房补贴、居民自建住房、建立住房公积金制度等。政策的实施为住房市场化提供了发展空间，也为我国住房市场的发展奠定了稳固的政策基础，居民住房条件从这一时期开始得以改善。

在社会主义市场经济体制确立以后，城镇居民收入差距逐渐拉大。在我国的一些大中型城市，房价收入比值逐步提高，说明人们依靠收入购买商品房的能力逐步下降。一些学者开始把西方经济学理论引入对保障性住房制度的研究。陈淮（2005）拓展了保障房制度的外延，认为从广义上讲，农村的宅基地以及住房福利分配制度下的福利分房等形式均属于保障性住房范畴。在市场经济下，作为商品房市场的必要补充，保障性住房制度应成为解决低收入居民住房问题的有效

---

① 国务院住房制度改革领导小组办公室. 城镇住房制度改革［M］. 北京：改革出版社，1994.

途径。

成思危（1999）将住房市场按照居民收入水平细分为五个等级，高收入等级居民购买高档商品房，中等偏上或中等收入等级居民可以购买或租赁中档商品房，收入水平限制了低收入等级居民只能购买或租赁低等级住房，而保障性住房建设应该集中在低等级住房类型，目标是满足居民基本住房需求。

中国社科院"住房公共政策选择研究"课题组（2001）着眼于政府与住房市场的关系，把政府解决中低收入居民住房模式划分为五种模型：一是完全市场机制作用下的均衡模型；二是完全政府管制模型；三是先由市场机制自发控制，后政府管制模型；四是政府间接干预住房市场模型；五是政府间接调控的住房市场模型。研究结论为：完全市场机制作用下均衡模型是资源配置最有效率的，但存在分配不公平现象；完全政府管制的住房制度能最有效地保障中低收入居民的住房需求，但既不公平也无效率；先由市场经济规律自发作用于住房市场，而后政府进行管制的模型当市场经济自发调节作用后，政府管制的阶段也会出现无效率不公平的结果；政府间接干预住房市场的模型在资源配置效率和公平性方面都有所欠缺，并且对中低收入居民住房保障水平也并不高；政府间接调控下的住房市场均衡使有购买能力的居民通过商品房市场获得住房，收入水平较低的居民政府提供住房保障，此时均衡状态下的住房市场是公平且有效的。

陈劲松（2006）对世界各国的保障房制度进行综合比较分析，认为各国保障性住房制度需要解决的共性问题是短缺、质量和公平，我国保障性住房可以考虑采取救济模式。

（二）住房保障制度运行效率的研究

我国保障性住房制度在保障模式上呈现多层次特点，对不同类型保障模式效率的研究也是学术界关注的热点问题。

苏怡（2001）以公共租赁性住房为研究对象，分别建立了公租房效益、成本、效率模型对承租人福利改善程度和住房配置的公平效率问题展开研究，认为住房补贴方式是政策制定中的核心问题。

印方华和胡彬（1999、2002）对住房补贴分别作用于保障房供给与需求的效率进行对比分析。研究认为，保障性住房制度中的住房补贴政策对保障房供给和需求环节的作用方式及效果均不同。住房补贴在供给环节是指对保障房的建造者提供建房成本补贴，就是通常所说的"补砖头"，保障性住房的建设与销售要在政府的政策指导下进行，一般来说，建筑机构参与建设保障房的资金利润率不如其他住房建设项目高，当政府给予建筑机构住房补贴后，实际上是降低了建造成本，为建筑机构增大了利润空间。对保障房需求环节的住房补贴是指对保障房购买者的补贴形式，常被形象地称为"补人头"，通过支付给保障房购买者的购房补贴，实际上是降低了中低收入居民的购房成本或是租房成本。"补人头"的住房补贴方式增加了中低收入居民的住房购买能力，使得保障房的运营方式不会完全脱离市场经济规律，效率要优于"补砖头"的住房补贴方式。

孙炳耀（2004）则从保障房为居民提供住房补贴的范围和补贴方式提出新观点。认为随着经济发展水平的提高和保障房制度的完善，政府可以适度考虑放宽住房补贴的居民覆盖人数比例，做到低收入家庭全覆盖，中低收入家庭适当降低覆盖比例，在条件允许时，可以考虑覆盖到中等偏下收入的居民。在补贴方式上提出了反向递减补贴的办法，也就是说，收入水平最低的家庭全额补贴，随着收入水平的提高逐步降低补贴比例。

（三）保障房制度与住房制度完善的研究

在对于保障性住房制度的研究中，李洋（2008）对世界各国保障房制度内容特点和运行机理进行对比分析后认为，我国的国情决定了保障房制度不能完全照搬照抄他国经验，要建立具有中国特色的保障房制度体系。其提出把住房公积金纳入我国金融体系，通过科学专业的金融运作增强住房公积金的盈利能力，建设起以住房公积金制度为主要依托的保障性住房金融体系。

段世霞（2008）认为，在城市经济总量迅速增长和城镇工业化进程逐步加快的大背景下，城镇人口的迅速增长带来的直接社会问题之一是住房供不应求的矛盾日渐突出。单纯依靠住房市场化发展可以做到资源的有效配置，为不同收入水平居民的住房需求提供多层次的住房供给，但由于住房需求特性决定的单纯由市场化手段满足居民住房需求的过程中，中低收入居民则成为住房消费中的弱势群体，所以需要政府干预保障性住房的建设和运营。

刘琳（2008）强调，我国保障房制度设计应该符合我国城乡二元发展结构的特点，依照城乡居民不同的居住特点制定有针对性的保障制度。她认为，现阶段对于不同收入群体居住状况和支付能力缺乏数量分析，对中低收入居民群体的界定、保障对象、优先保障住房类型、保障模式等问题是保障制度设计的重要内容。

周长城和李成霞（2008）提出，在我国经济体制改革后，确立了社会主义市场经济体制，允许一部分人先富起来，先富带动后富，在这一过程中会出现贫富差距变大的社会问题。住房是人们基本的生活需求，当低收入居民群体居住需求无法满足时，政府要把住房保障纳入社会保障体系中，使低收入居民群体的住房需求得到制度保障。并且，应该从居民生活质量和尊严的高度认识保障房制度的完善与社会发展、个人理性选择的相关性。

国家发改委投资所住房保障课题组（2008）提出对住房保障体系的构想和建议：

第一,明确保障房的概念,是以为中低收入居民满足基本住房需求为原则,实际上应为"救助"的概念,要保障的是"人人有房住",而不是"人人有住房"。

第二,对于保障房的房源不必投入大笔资金全部新建,可以采取收购二手小户型现房的方法增加政府保障房存量。

第三,各地在充分调查研究后,应着手建立居民收入档案,以便及时检测居民收入的变化情况,完善退出机制设计,确保保障房被真正分配到中低收入住房困难家庭。

第四,政府应鼓励金融机构为保障房建设提供资金支持,增强保障性住房供给数量的稳定性。

(四) 保障房融资和盈利模式研究

在学术研究中,保障性住房通常被学者视为公共物品或准公共物品,是专门向中低收入居民提供的具有社会福利保障属性的特殊商品,因此学者们普遍认为政府是保障房建设和运营资金投入的主体,但并不是唯一的投资者,政府部门可以通过制定优惠的政策措施吸引社会资本加入保障性住房建设。

由于保障房制度的特殊性决定其在成本投入和收益关系的特殊性,如果完全在市场经济机制下,社会资本从利润最大化角度出发,投资建设保障房并不是理智之举。所以,政府如何鼓励引导社会资本投入保障房建设,并使社会资本兼顾经济效益和社会效益是当前需要解决的重要问题。在保障性住房融资创新的背景下,探索保障房融资新渠道、盈利新模式是政府和学者共同关注的问题。

学术界对于保障房融资问题的研究比较充分。

成楠和梅昀(2010)从保障房资金筹集渠道多样化角度展开研究,认为可以采用 BOT、PPP 和信托投资等方式拓宽资金来源渠道[①]。

杨赞和沈彦皓(2010)通过借鉴西方国家政府在保障房资金筹集中所发挥的作用,提出值得我国政府借鉴的经验[②]:

第一,中央和地方两级政府在资金筹集中应该分工合作、各司其职,给保障房资金来源渠道以政策上的保证。

第二,政府可以制定金融和财政政策解决保障房供求资金问题。

第三,鼓励和引导社会资本加入保障房建设。

第四,引入保障房项目证券化和发展信托投资基金等金融手段,拓宽保障房资金渠道。

第五,政府部门为保障房建设制定灵活、优惠的土地政策,降低保障房用地成本。

---

① 成楠,梅昀. 廉租房建设的新型融资模式 [J]. 中国房地产,2010 (5).
② 杨赞,沈彦皓. 保障性住房融资的国际经验借鉴:政府作用 [J]. 现代城市研究,2010 (9).

陈杰（2010）认为，采用市场化融资方式是未来保障房资金来源的发展方向，政府财政资金投入比例将会逐步缩小，但对于廉租房和棚户区改造房等近乎没有收益的保障房形式，仍然需要政府财政予以支持①。

李晶（2011）认为，可以通过建立新型保障房融资协议解决保障房建设中不当激励和地方政府融资难的问题，具体方式包括建筑公司与地方政府间的建设—移交协议（PP）、房地产投资信托（REIT）和利用住房公积金盈余资金等方式，由于我国地区间经济发展水平的差异，部分经济条件较差的地区在依靠财政资金建设保障房的负担仍然较重②。

综上所述，国内外学者对于保障性住房内涵和外延、住房制度设计与完善、公共保障房政策及效果评价、住房保障制度运行效率、融资和盈利模式等方面进行较为深入和全面的研究。理论研究居多，实证研究较少见，对保障性住房准入标准、制度保障规模、资金需求总量和退出机制设计等重要环节提出测算方法的更为少见。基于此，本书的研究成果为解决保障性住房与中低收入家庭住房问题提供了新思路和新方法。

---

① 陈杰. 我国保障性住房的供给与融资：回顾与展望［J］. 现代城市研究，2010（9）.
② 李晶. 保障性住房建设：现状、影响及融资模式［J］. 国际融资，2011（11）.

第三章　北京市保障性住房准入标准研究

本章将对保障房准入标准展开研究。准入标准的科学划定是保障性住房制度建设的重要工作。准入标准关系着保障房制度的保障规模、保障房建设数量、政府资金投入等诸多方面问题,更关系到中低收入住房困难家庭的切身利益,是保障房制度建设中首要考虑的关键政策标准。

北京市保障房制度准入标准由"三房"准入标准线组成,是一个综合性的准入标准体系。每个准入标准不但决定对应的保障房模式的制度保障规模、政府资金投入规模、保障房需求数量等关键问题,而且三条准入标准线之间存在重大关联性。2008年8月起,北京市廉租房施行了新的准入标准,城市低收入住房困难家庭的人均家庭年收入由低于6960元,调整至人均家庭年收入低于11520元。这一调整是从2007年北京市保障房制度启动以来的首次针对收入准入标准的调整,关于此次调整的政策效果和有效性将在本章给出实证分析。此项调整释放了一个重要的政策信号,即政府部门通过对准入标准的调整确保保障房制度保障规模的稳定性,即使该项制度可以稳定地覆盖一定比例的中低收入居民。

北京市保障性住房"三房"的准入标准是一个综合性标准,即主要由家庭年收入、人均住房使用面积、家庭总资产组成,本书选取人均家庭年收入指标作为研究的主要指标,原因是家庭年收入指标数据较易得到,有利于准确计算和趋势预测,而人均住房使用面积和家庭总资产没有明确的指标数据公布,特别是家庭总资产具有隐蔽性,因个人隐私等原因一般不容易得到。此外,人均家庭年收入的多少与人均住房使用面积的大小、家庭总资产的多少有重大因果关系,因此,选取人均家庭年收入具有一定的代表性。在本书中,保障房准入标准以人均家庭年收入作为主要准入标准对相关保障房问题展开研究。

第一节 现状与存在的问题

一、保障房准入标准现状

北京市保障性住房工作从 2007 年起全面启动。以《国务院关于解决城市低收入家庭住房困难的若干意见》文件精神为指引，2007 年 9 月至 2008 年 6 月，北京市集中出台了多项针对廉租住房、经济适用房和限价商品房等主要住房保障形式的文件。在文件中明确了"三房"各项申请条件，其中对申请人收入标准线的划定是结合了中低收入居民的现实收入水平、生活成本、政府财政负担能力等多方面因素确定的。

廉租住房的准入标准以人均家庭收入 960 元/月为标准，即人均家庭年收入在 11520 元以下的居民有资格申请廉租房。经济适用房的准入标准根据家庭成员的人数不同而有差别：1 人家庭年收入在 22700 元以下，2 人家庭年收入在 36300 元以下，3 人家庭年收入在 45300 元以下，4 人家庭则为 52900 元以下，5 人及以上家庭为 60000 元以下。为了研究需要，计算出了经适房准入标准的人均家庭年收入平均水平为 14480 元。限价商品房的情况与经适房类似：3 人及以下家庭年收入为 8.8 万元以下，4 人及以上家庭年收入在 11.6 万元以下。计算限价房准入标准的人均家庭年收入平均水平为 29142 元。

二、存在的问题

北京市保障性住房建设从 2007 年启动至今处于不断完善之中。各项制度细则的制定以及配套政策的制定等都关系到保障房制度的执行效果。虽然有国外相关城市保障房建设的成功经验可以借鉴，但因北京市在政治、经济、文化等方面的特殊性，不能完全照搬照抄国外的做法，这就需要在结合北京市实际的基础上不断摸索，在实践中取得宝贵经验，不断对制度进行完善，使制度可以得到彻底贯彻落实。

北京住建委 2010 年 7 月发布《关于调整北京市廉租房家庭收入准入标准的通知》，把廉租房准入标准由原来的每月人均家庭收入低于 580 元调整至 960 元。这一政策在短期内对提高廉租房制度保障规模效果显著。

虽然在制度完善中进行了一系列有益的尝试，但围绕北京市保障房准入标准仍有一些问题亟待解决：

第一，保障房准入标准的科学测算。目前的保障房"三房"准入标准是以政策法规的形式对社会大众公布，但对这一标准的划定方法还未可知。通过政府行政手段划定的准入线是否合理、准入标准覆盖的中低收入住房困难家庭的数量是否达到政府预期的政策目标等都需得到科学方法的论证和解答。

第二，保障房准入线缺乏灵活性。廉租房的标准线在2010年做出了调整，但是经适房和限价房标准从制度施行以来还没有做过调整。近几年，北京市经济环境发展变化很快，由于经济增长、物价因素等方面影响，僵化的保障房准入标准会削弱保障房的保障力度，使政策的执行效果大打折扣。

第三，保障房"三房"的准入标准的协同性考虑。相关政策规定，廉租房的保障对象是城市低保家庭和低收入居民住房困难家庭，经适房的供应对象为低收入居民且与廉租房供应对象衔接。所以，"三房"准入标准在划定时不应被孤立对待。因为"三房"共同构成保障性住房制度的主体，发挥了保障房绝大部分的保障功能，而"三房"在保障对象上具有同质性，都为中低收入住房困难家庭，准入标准的划定直接决定中低收入居民的保障模式的选择，这既关系百姓的切身利益，也关系到政府的成本投入。所以在划定"三房"准入标准时应该给予协同性考虑。

第二节 研究方法

保障房准入标准与保障规模、居民收入分布密切相关。保障规模既定，且居民收入分布已知，则可以计算对应的准入标准。当准入标准改变时，基于收入分布函数拟合方法，可以测算保障规模的政策差异。本章从上述方面问题展开：首先，构建比较静态分析模型，阐述准入标准、保障规模与居民收入分布之间的关系，这一模型也是本书研究的理论出发点和基本架构；其次，对收入分布函数拟合的方法进行归纳，并通过实例测算选定适合本文数据特点的收入函数拟合方法；再次，基于收入分布函数拟合方法和房价收入配比公式方法，提出两种准入标准测算方法，并进行实证分析；最后，以廉租房为例，考察准入标准线改变后的政策效应。

一、比较静态分析模型的构建

一般来讲，保障性住房保障规模的测算与两个因素密切相关[1]：

---

[1] 刘黎明，刘玲玲等. 北京市低收入人群最低生活保障问题研究 [M]. 北京：首都经济贸易大学出版社，2013.

第一,城镇居民人均家庭年收入的分布密度函数为 $f(t)$。

第二,准入标准线 t。

从收入分布函数的统计学概念来看,每年北京市城镇居民人均家庭年收入必然服从一定的分布规律,即当把城镇居民人均家庭年收入看作随机变量 ξ 时,则 ξ 服从某一分布,用分布函数 $F(t)$ 表示,即:

$$F(t) = P(\xi \leq t) = \int_0^t f(t)\mathrm{d}t \qquad (3-1)$$

这里的 $F(t)$ 表示全体城镇居民中收入不高于 t 的人口比例。所以,有资格申请保障性住房的中低收入居民的人数也就是保障性住房的保障规模(记为 U),应为全体城镇户籍总人口(记为 Q)与全体城镇居民中收入不高于 t 的人口比例 $F(t)$ 的乘积,即:

$$U = QF(t) = QP(\xi \leq t) = Q\int_0^t f(t)\mathrm{d}t \qquad (3-2)$$

式(3-2)就是保障性住房的保障规模总量的测算公式,保障性住房的保障人口规模是由保障性住房准入标准和人均家庭收入分布密度函数共同决定的。

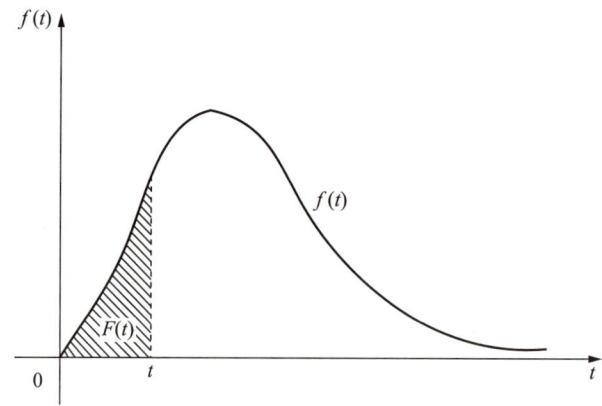

图 3-1 保障性住房准入标准线和收入分布密度函数共同决定 $F(t)$ 的示例图

如图 3-1 所示,阴影部分 $F(t)$ 表示收入低于保障性住房准入标准线 t 的人数占全体户籍人口的比重。所以,当保障性住房准入标准和收入分布函数确定的情况下,应保人数总量可以由收入密度函数 $f(t)$ 与准入标准 t 确定。

因此,在研究保障房准入标准或保障规模问题时,要结合居民收入分布情况综合考察。当准入标准、居民收入分布单一或同时发生变化时,保障规模会发生

变化,如图 3-2 所示。下面就此展开比较静态分析:

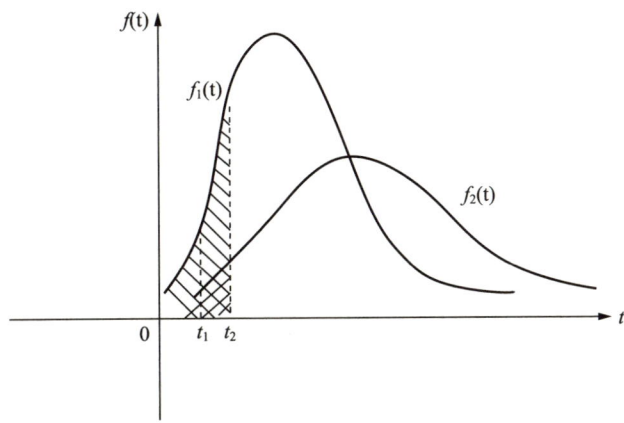

图 3-2　保障性住房准入标准线和收入密度函数改变时 $F(t)$ 的示例图

(一) 准入标准单方改变对保障规模的影响

设分布密度曲线为 $f_1(t)$,准入标准为 t_1 时,则收入低于 t_1 人数占全体城镇居民总人数 Q 的比例为 $F(t_1)$,即:

$$F(t_1) = \int_0^{t_1} f_1(t)\,dt \qquad (3-3)$$

故我们由此得到在准入标准为 t_1、收入分布密度函数为 $f_1(t)$ 时的保障规模人口数量为:

$$U_1 = QF(t_1) = Q\int_0^{t_1} f_1(t)\,dt \qquad (3-4)$$

当准入标准进行调整时,不妨设分布密度曲线不变,仍为 $f_1(t)$,而保障标准由 t_1 调整到 t_2 时,即 $t_1 + \Delta t = t_2$ 时,保障房制度保障规模的人数为:

$$F(t_2) = \int_0^{t_2} f_1(t)\,dt = \int_0^{t_1+\Delta t} f_1(t)\,dt = \int_0^{t_1} f_1(t)\,dt + \int_{t_1}^{t_2} f_1(t)\,dt \qquad (3-5)$$

由于准入标准的改变带来的保障人数比例的增加,则保障房保障规模测算公式为:

$$U_2 = QF(t_2) = Q\int_0^{t_1} f_1(t)\,dt + Q\int_{t_1}^{t_2} f_1(t)\,dt \qquad (3-6)$$

式中，$Q\int_{t_1}^{t_2}f_1(t)\mathrm{d}t = U_2 - U_1 = \Delta U$ 就是由于准入标准的改变带来保障房规模人数总量的变化增量，即：

$$U_2 = U_1 + Q\Delta F(t) = U_1 + \Delta U \qquad (3-7)$$

这说明在收入分布密度函数不变的条件下，保障房准入标准的变化会影响到保障房总量的变化，ΔU是调整准入标准后保障房总人数增加或减少的人口数量。

（二）居民收入分布函数单方改变对保障规模的影响

不妨设分布密度曲线由$f_1(t)$变为$f_2(t)$，准入标准为t_1时，则收入低于t_1人数占全体城镇居民总人数Q的比例由$F_1(t_1)$变为$F_2(t_1)$，即由

$$F_1(t_1) = \int_0^{t_1} f_1(t)\mathrm{d}t \qquad (3-8)$$

变为：

$$F_2(t_1) = \int_0^{t_1} f_2(t)\mathrm{d}t \qquad (3-9)$$

则保障规模人口数量由：

$$U_1 = QF_1(t_1) = Q\int_0^{t_1} f_1(t)\mathrm{d}t \qquad (3-10)$$

变为：

$$U_2 = QF_2(t_1) = Q\int_0^{t_1} f_2(t)\mathrm{d}t \qquad (3-11)$$

由于准入标准不变，分布密度曲线的变化必然会有$F_1(t_1) \neq F_2(t_1)$，自然有$U_1 \neq U_2$。下面我们分别讨论当$F_1(t_1) > F_2(t_1)$时，或当$F_1(t_1) < F_2(t_1)$时，保障房制度保障规模与准入标准和收入分布函数的相互影响的关系。

当$F_1(t_1) > F_2(t_1)$时，保障规模将有两种可能性：

（1）收入的平均水平可能提高了，分布密度函数没有变化，即只是收入密度函数向右平行移动了。在准入标准t_1不变的情况下，保障规模$U_1 > U_2$，即收入低于t_1人数变少了，总体的收入水平提高了，如图3-3所示。如果是这种情况，要保持一定水平的保障房制度保障规模，还需要将准入标准线做适当的提高。

（2）总体收入的水平可能更加集中了，高收入与低收入的差距变小了，即方差变小了。在准入标准t_1不变的情况下，保障规模也是$U_1 > U_2$，即收入低于t_1人数也变少了，如图3-4所示。如果是这种情况，要稳定水平的保障规模，则需要将准入标准线做适当的提高。其与第一种情况不同的是，从收入水平来看，高低收入者收入差距变小了，但是，总体收入的平均水平并没有提高。

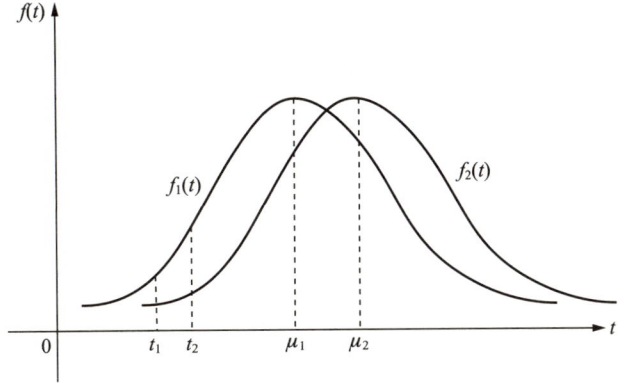

图 3-3　居民收入密度函数均值变大方差不变的情况

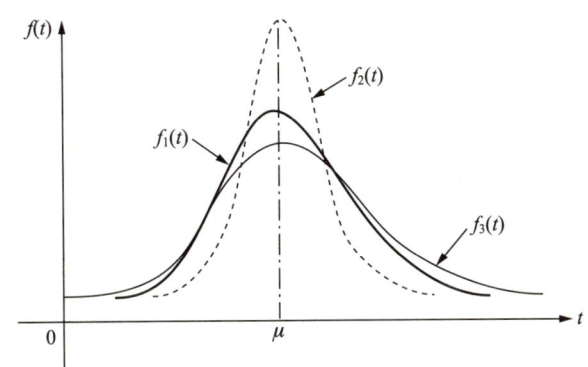

图 3-4　居民收入密度函数方差改变均值不变的情况

当 $F_1(t_1) < F_2(t_1)$ 时，保障房的制度保障规模也有两种可能性：

（1）收入的平均水平可能降低了，分布密度函数没有其他变化，即只是收入密度函数向左平移了。在准入标准 t_1 不变的情况下，保障规模 $U_1 < U_2$，即收入低于 t_1 人数变多了，总体的收入水平降低了。如果是这种情况，要保持一定水平的保障房制度保障规模，还需要将准入标准线做适当的降低。

（2）总体收入的水平可能更加分散了，高收入与低收入的差距变大了，即方差变大了。在准入标准 t_1 不变的情况下，保障规模变大，即 $U_1 < U_2$，即收入低于 t_1 人数也变多了。如果是这种情况，要保持稳定的制度保障规模，则需要将准入标准线做适当的降低。其与第一种情况不同的是，从收入水平来看，地区的贫富差距变大了，但是，总体收入的平均水平没有降低。

(三) 准入标准和居民收入函数分布同时变化对保障规模的影响

不妨设准入标准由 t_1 变为 t_2，分布密度曲线由 $f_1(t)$ 变为 $f_2(t)$ 时，则收入低于 t_2 人数占全体城镇居民总人数 Q 的比例由 $F_1(t_1)$ 变为 $F_2(t_2)$：即由

$$F_1(t_1) = \int_0^{t_1} f_1(t) \, dt \qquad (3-12)$$

变为：

$$F_2(t_2) = \int_0^{t_2} f_2(t) \, dt \qquad (3-13)$$

则保障规模人口数量由：

$$U_1 = QF_1(t_1) = Q \int_0^{t_1} f_1(t) \, dt \qquad (3-14)$$

变为：

$$U_2 = QF_2(t_2) = Q \int_0^{t_2} f_2(t) \, dt \qquad (3-15)$$

由于准入标准和收入密度曲线的同时变化会有三种可能的情况：即 $F_1(t_1) = F_2(t_2)$、$F_1(t_1) > F_2(t_2)$ 或 $F_1(t_1) < F_2(t_2)$。自然也就有 $U_1 = U_2$、$U_1 > U_2$ 和 $U_1 < U_2$ 三种可能性。下面分别讨论：

当 $F_1(t_1) = F_2(t_2)$ 时，即准入标准和收入密度函数都变化以后，保障规模不变，有下面两种可能：

(1) 收入密度函数均值变大，高低收入者收入差距不变，即收入密度函数方差不变，同时保障标准由 t_1 变为 t_2，保障规模 $U_1 = U_2$，是由于因收入密度函数均值变大而造成的保障规模减小的部分与因准入标准的提高而造成的保障规模增加的部分相抵消。在这种情况下，虽然准入标准提高了，但因收入函数的变化，实际上制度保障水平并没有提高。

(2) 收入密度函数方差变小，即高低收入者收入差距变小，但均值不变，且准入标准由 t_1 增加到 t_2，保障规模 $U_1 = U_2$，是由于因收入密度函数方差变小而造成的保障规模下降的部分与因准入标准提高而使保障规模增加的部分相抵消。

当 $F_1(t_1) > F_2(t_2)$ 时，即当准入标准和收入函数均发生变化，保障规模降低，有下面两种可能：

(1) 收入分布函数均值变大，即居民平均收入水平提高，但方差不变，而且准入标准由 t_1 增加为 t_2，保障规模 $U_1 > U_2$，是由于因收入函数均值变大而造成的对保障规模的削弱作用，要强于因准入标准提高而造成的对保障规模的增加

作用，结果造成了虽然准入标准明显增加，但保障规模不升反降。

（2）收入分布函数方差变小，但均值不变，且准入标准由 t_1 增大到 t_2，由于收入函数方差减小而造成的对保障规模的削弱作用，要强于因准入标准提高而造成的对保障规模的增加作用，结果是表面看来准入标准虽有所提升，但实际政策保障水平是下降的。

上述两种情况在保障性住房制度调整与执行中要特别注意。准入标准提高一般认为保障规模必然增加，但如上所述，如果收入函数发生上述变化时，实际的保障规模不变，或者降低。因此，种情况具有很强的隐蔽性，在保障房准入标准调整中要考虑到其发生的可能性。

当 $F_1(t_1) < F_2(t_1)$ 时，即准入标准和收入函数均发生变化，保障规模提高，可以做如下分析：

（1）收入密度函数均值变小，即居民总体收入水平降低，但高低收入者收入差距不变，即收入函数方差不变，当准入标准由 t_1 增大到 t_2 时，保障规模 $U_1 < U_2$。这是因为收入密度函数均值变小，即使准入标准不变，保障规模也会随之增加，而实际上准入标准的提高会促使保障规模又一次被提高，在这两次作用下，保障规模的总体政策效果使保障水平显著提高。

（2）高收入与低收入的相对收入差距变大，即方差变大，但均值不变，且准入标准由 t_1 增大到 t_2 时，保障规模变大，即 $U_1 < U_2$。也是因为保障规模由于两次被提高的综合作用结果，即因收入函数方差的增大而造成的保障规模的增加和因准入标准的提高而造成的保障规模的增加。

因此，保障性住房的保障规模是由准入标准和收入分布函数决定的，另外，准入标准的划定也由保障标准和收入分布函数共同决定。

比较静态分析模型的意义在于：

第一，可以在一定保障规模下，收入分布函数已知时，对准入标准进行测算。

第二，在准入标准改变时，且收入分布函数已知时，可以测算保障规模，对政策调整效果进行评价。

上述两点是本章实证研究部分的理论依据。

第三，居民收入分布函数的变化通常是隐性的，在划定或调整保障房准入标准、设定保障房制度保障规模时，一定要考虑到居民收入总体分布的变化。因为，收入分布的变化会增强或削弱保障规模，以及决定实际准入标准的高低，这为本书提供了重要的研究思路。

二、收入函数拟合方法

收入函数拟合方法是目前收入测度问题研究的重要内容。收入分布函数拟合主要分为参数估计和非参数估计两种主要方式，参数估计是用典型函数分布形式逼近真实收入分布，属于函数驱动型的拟合方法，可以用来解决与收入水平相关的定量分析问题，如导出洛伦兹曲线、密度函数等。此种方法分布族较为完备，Mc Donold J. B. 对各种分布进行概括和特点分析，常用的有 Lognormal 分布、Gamma 分布和 Pareto 分布①。在对城镇居民收入分布情况的研究中，经实证研究证明：Pareto 分布可以较好拟合我国高收入组收入分布②；Lognormal 分布对我国中等收入组居民收入分布表现较好③；Gamma 分布在拟合优度和参数估计简便方面表现折中，在整体拟合上更实用④；也有人认为 Logistic 分布比 Pareto 分布、Gamma 分布和 Lognormal 分布有更好的表现效果⑤。

可见，以函数驱动型的参数估计法进行收入分布函数拟合，不能从整体上统一符合某一典型函数形式，所以有学者倾向于采用非参数核密度估计的方法拟合收入分布函数以求达到更好的拟合效果⑥。但这种方法在节点处缺乏"光滑性"，不利于收入分布函数和密度函数之间的互推，在解决定量问题时有一定的局限性。

有别于传统收入分布函数拟合方法，一些学者在方法上做出一定扩展与创新。有学者提出具有"自适应"能力的收入分布序列拟合思路，给出基于 B-样条的收入分布函数形式，并对收入分布参数进行最小二乘估计⑦；还有学者提出对具有线性—常数抗阻率的收入分布函数拟合方法，并推导相应的洛伦兹曲线和基尼系数计算公式⑧。

针对本书研究目标和数据特点，选取 Gamma 函数对收入分布函数进行拟合。

---

① Mc Donold J. B. Some Generalized Functions for the Size Distribution of Income [J]. Econometrica, 1984, 52 (3): 7-14.

② 王海港, 周开国. 中国城乡居民收入分配的不平等程度被低估了吗？——基于帕累托分布的一个检验 [J]. 统计研究, 2006 (4).

③ 成邦文. 基于对数正态分布的洛伦兹曲线与基尼系数 [J]. 数量经济技术经济研究, 2005, 22 (2).

④ SalemA B. Z., Mount T. D. A Convenient Descriptive Model of Income Distribution: The Gamma Density [J]. Econometrica, 1974, 42 (6): 7-14.

⑤ 程永宏. 二元经济中城乡混合基尼系数的计算与分解 [J]. 经济研究, 2006 (1).

⑥ Pittau M. G., Zelli R. Trends in Income Distribution in Italy: A Non-Parametric 90 and a Semi-Parametric Analysis [J]. Journal of Income Distribution, 2006, 15 (4): 7-14.

⑦ 黄恒君, 刘黎明. 一种收入分布函数序列的拟合方法及扩展应用 [J]. 统计与信息论坛, 2011 (12).

⑧ 欧阳植, 于维生. 收入分布曲线的拟合与基尼系数计算 [J]. 吉林大学社会科学学报, 1992 (3).

第三节 保障性住房准入标准测算

保障房准入标准测算与划定是保障性住房制度设计的重要环节。准入标准的高低直接关系到保障房制度覆盖的居民人数和建设资金投入总量。本书将提出两种准入标准的测算方法：一是从政府给定保障规模出发，基于收入函数拟合方法的准入标准的测算；二是从实际商品房价格出发，基于房价收入配比公式计算的准入标准。下面将分别具体阐述：

一、政府给定保障规模下的准入标准测算

基于比较静态分析模型理论框架，准入标准的划定应该与保障规模和居民收入的分布情况做综合分析。当居民收入分布函数已知，在给定的保障规模下，可以计算出相应的准入标准。在保障房制度制定时，相关政府部门对该制度预计覆盖的居民人数应设定具体目标，比如预计制度覆盖5%、10%或15%的城镇居民。一旦政府给定了保障规模人数比例的具体量化目标后，基于收入分布函数拟合的方法就可以计算出对应的准入标准。

通过查阅资料，目前还没有找到官方发布的预计保障房制度保障规模的量化指标，不过可以从北京市相关政府部门出台的政策法规中找出答案。2007年9月25日，北京市人民政府印发《北京市城市廉租住房管理办法的通知》（以下简称《通知》）和《北京市经济适用住房管理办法（试行）的通知》，《通知》中规定廉租住房和经济适用房是以低收入居民家庭为保障对象，以满足基本住房需求为原则的保障手段。2008年6月5日，北京市人民政府印发《北京市限价商品住房管理办法（试行）的通知》，明确指出限价商品房的供应对象为本市中等收入住房困难的城镇居民家庭。廉租住房和经济适用房的保障对象都为低收入家庭，但从政策规定的准入条件可以看出，廉租房申请者的收入水平应是低收入居民中收入最低的那部分，而经济适用房的供应对象虽也为低收入群体，但收入水平略高于廉租房的申请人，而限价商品房的供应对象较为明确，是中等收入居民家庭。《北京市统计年鉴》中把城镇居民人口依照收入水平的高低划分为五组，即低收入户、中低收入户、中等收入户、中高收入户和高收入户，这对保障性住房制度供给对象的甄别提供了重要思路。

以上述政策规定为依据，本书不妨把政府给定的制度保障规模做如下假定：廉租住房是用来满足最低收入居民的住房需求，对应收入"五分组"法，这部分居民应为"五分组"中的低收入组居民，人数占本市户籍人口的20%；经济

适用房的供给对象虽也为低收入群体,但因其收入稍高于最低收入群体,对应"五分组"法,这部分居民应为"五分组"中的中低收入组居民,人数占总户籍人口的20%;限价商品房供应对象为中等收入居民群体,对应"五分组"法,这部分居民占总户籍人口的20%。

当然,保障房制度制定之初政府给定的保障规模,即制度预计覆盖的人数比例可以为5%、8%、15%等任意比例数,本书旨在说明测算方法,姑且选取20%作为算例。

(一)准入标准测算

选取《北京市统计年鉴》2007~2011年家庭人均年收入数据拟合收入分布函数,如图3-5所示。

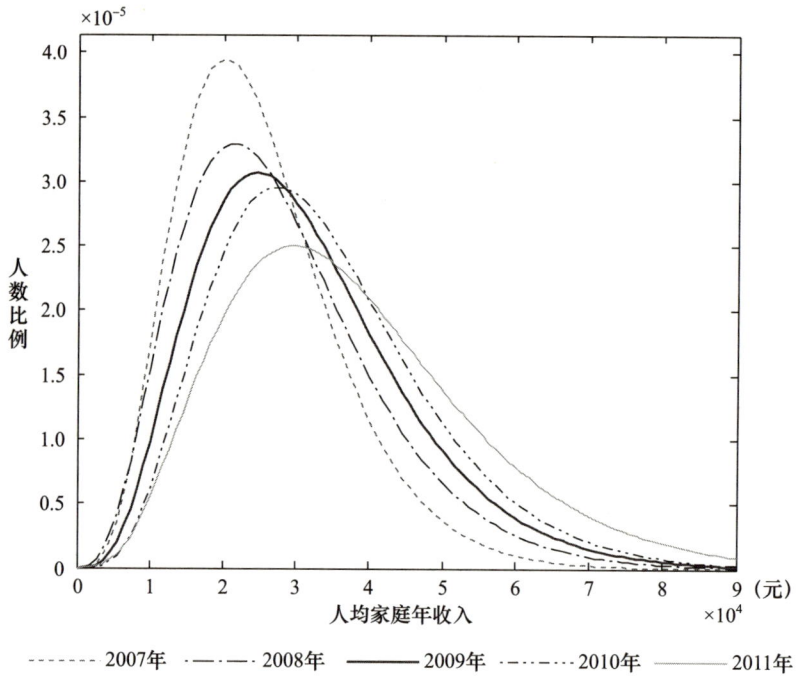

图3-5 2007~2011年北京市城镇居民人均家庭年收入分布密度函数族

从图3-5中可以看出,居民收入的变化趋势是平均收入水平逐步提高,即收入密度函数均值逐渐变大;高低收入者收入差距变大,即收入密度函数方差逐渐变大。

明确了"三房"的保障规模,即均为20%,结合拟合出的收入分布函数,表3-1给出了2007~2011年"三房"准入标准测算结果。

表 3-1　政府给定保障规模下"三房"准入标准测算结果

年份	人口比例（%）	人数（万人）	廉租房测算准入标准（元）	经适房测算准入标准（元）	限价房测算准入标准（元）
2007	0.2	185.8	15593	20836	26216
2008	0.2	190.14	16454	22691	29212
2009	0.2	194.38	18919	25638	32590
2010	0.2	197.9	21112	28121	35300
2011	0.2	202.76	22772	31023	39588

资料来源：根据《北京市统计年鉴》数据计算所得。

表 3-1 中假定政府预计"三房"保障规模，即廉租房、经适房、限价房制度覆盖的人数比例均为本市户籍人口的 20%，结合拟合出的收入分布函数，计算出廉租房、经适房和限价房的准入标准。可以得出以下结论：

第一，保障房制度若要保证稳定的制度保障规模，准入标准应该随居民收入分布的变化逐年调整。如图 3-5 所示的居民收入变化趋势，决定了只有在逐步提高"三房"准入标准的情况下，保障房制度覆盖的人数比例才能稳定在一定水平上。

第二，廉租房实际准入标准 2010 年以前（含）为 6960 元，2011 年调整为 11520 元，从 2007 年以来经适房准入标准 14480 元，限价房准入标准 29142 元还没有做出任何调整，虽然准入标准未变，但保障规模是逐年缩小的，即制度覆盖的人数在逐年下降。因为居民收入分布总体变化趋势具有隐蔽性，所以相关政府部门制定政策时应该考虑到居民收入变化对保障房制度保障规模的削弱作用。

（二）政策模拟

假设政府目标保障水平为 n，前文假定"三房"保障规模均为 20%，即 $n=20\%$，下面仍延续此假设，即仍按照收入"五分组"方法的规则，假定保障性住房以覆盖 60% 城市户籍人口为目标，即 n 取值为 $(0, 0.6]$，$0<n<1$。改变 n 取值，可以计算出不同保障规模对应的准入标准，如表 3-2 所示。

表 3-2　不同保障水平下保障房准入标准的灵敏度分析

年份	$n=0.05$	$n=0.1$	$n=0.15$	$n=0.2$	$n=0.25$	$n=0.3$
2007	10022	12327	14080	15593	16977	18290
2008	10024	12653	14684	16454	18087	19646
2009	11874	14774	16995	18919	20686	22368
2010	13642	16737	19086	21112	22964	24720
2011	14164	17700	20415	22772	24939	27003

续表

年份	n=0.35	n=0.4	n=0.45	n=0.5	n=0.55	n=0.6
2007	19568	20836	22114	23422	24782	26216
2008	21171	22691	24231	25814	27464	29212
2009	24008	25638	27285	28974	30732	32590
2010	26428	28121	29828	31574	33387	35300
2011	29018	31023	33050	35130	37297	39588

资料来源：在历年年鉴数据基础上，运用拟合收入函数方法计算所得。

表3-2给出了保障性住房准入标准的汇总情况，即当 n 取值不同时，2007~2011年准入标准线汇总表。例如，假定在2010年，廉租房计划覆盖15%（对应 $n=15\%$）的人口，经济适用房覆盖20%（对应 $n=35\%$），限价房覆盖剩下的25%（对应 $n=60\%$，假定 α 取值为 $(0,0.6]$），通过查表，"三房"的准入标准线应分别为19086元、26428元、35300元。

综上所述，根据设定的目标保障规模通过此方法可以计算出对应的准入标准，灵活、准确且迅速。准入标准线由居民收入总体分布和保障规模共同决定。在居民总体收入逐年变化的情况下，若要保证保障规模在某一固定水平，应该及时调整准入标准，使保障性住房制度运行更有效率。

二、商品房市场价格既定下的准入标准测算

由于普通商品房价格过高，大大超出中低收入居民的购买能力，保障性住房制度可以使中低收入居民满足住房需求、改善居住条件。在我国，住房市场的构成应是以普通商品房市场为主体，保障性住房制度作为补充。收入水平较高的居民在商品房市场购得住房，中低收入居民住房困难家庭可以申请保障房。但近些年由于普通商品房价格过高，使越来越多的居民在高房价下失去住房购买能力，基于这种现象，保障房准入标准的划定可以考虑从普通商品房市场价格出发，即在当前商品房市场价格水平下，无力购房的居民都应被纳入保障性住房体系中来。在这一思路下，通过对传统房价收入比公式的改造，本书提出了房价收入配比公式，作为保障房准入标准的另一种测算方法。

（一）房价收入配比公式的提出

房价收入配比公式是在传统房价收入比公式基础上提出的。所谓房价收入比，是指住房价格与城市居民家庭年收入之比。即：

房价收入比 = 每户住房总价/每户家庭年总收入　　　　　（3-16）

世界银行制定的房价与收入比标准是5∶1，联合国的标准是3∶1。根据我国的实际情况，国内专家通常采用的房价与家庭年收入比合理标准是3∶1~6∶1，

也就是说,家庭购房款总额为其年收入的 3~6 倍为合理范围。但落实到北京、上海、广州等一线城市的房价与家庭收入的比值关系上,显然会远远超出 3~6 倍的数值,也就是说,以 3~6 年的家庭收入在北京等一线城市是无法购得商品房的。

房价收入比方法在比较衡量地区间居民购房压力的强度,测度当期商品房价格合理性等方面可以发挥重要的作用,但目前的研究成果大多只停留在从多种角度、多种方法计算房价收入比值,再分析比值大小是否处于合理区间,而对房价收入比公式进行改进,并且针对房价和居民收入水平等问题做实证研究的还不多见。

假设住房需求只受房价和收入水平影响,其他因素暂且忽略,据此提出商品房价格与人均可支配收入匹配关系运算公式为:

$$P = I \times \alpha \div (A \times 1.33) \tag{3-17}$$

式中,P 为商品房价格,I 为人均可支配收入,A 是人均住房使用面积,经验值 1.33 = 人均住房建筑面积/人均住房使用面积,α 表示工作的年限。

房价收入配比公式的特点在于:

第一,传统房价收入比公式是以总量指标计算的,而房价收入配比公式是以人均指标计算的,人均可支配收入、人均住房使用面积等人均指标在统计年鉴中较容易得到。此外,人均指标也与本书提出的基于收入分布函数拟合方法的保障房准入标准、保障规模和资金需求等问题选取指标的口径一致。

第二,增加了参数 α。传统房价收入比公式主要关注房价与家庭收入的比值,看其是否在合理区间,如 [3,6]。根据北京市实际情况,这一比值将远远超过这一区间数值,而失去了传统房价收入比公式作为理论研究方法的意义。所以,考虑到北京实际情况,乃至中国大多数一线城市房价过高的现状,在公式中增加了参数 α,这里的意义是指居民工作年限,也就是说,增加了居民用 α 年的收入所得购买商品房的理念。当 α 取值改变时,可以进行政策模拟分析。

第三,配比公式经形式转换用途更广泛。式 (3-17) 在 I、α、A 已知情况下可以用于计算 P,即在居民人均可支配收入既定情况下,可以计算居民可以承受的商品房价格,这部分实证结果将在第四章给出。类似的,通过公式改写可以扩展到多种目标的研究工作。

(二) 准入标准测算

将式 (3-17) 改写为:

$$I = (P \times A \times 1.33)/\alpha \tag{3-18}$$

式中,P 为实际商品房价格,$A \times 1.33$ 为住房建筑面积,α 表示工作年限。P 和 $A \times 1.33$ 由年鉴数据给出。

关于 α 的选取。根据北京实际情况，做出如下假设：

假设1：在当前房价下，一个人工作 α 年能够买得起人均住房建筑面积大小的一套住房时，他的人均可支配年收入应该是多少。

假设2：平均参加工作年龄20岁，平均退休年龄是50岁，即 α 取值区间为 (0, 30]，当取 α=30 表示以 30 年的收入所得购买商品房。

选取 2007~2011 年统计年鉴数据，由式（3-18）计算出当前房价下，且以30年工作收入有能力购买商品房时的人均可支配年收入，如表 3-3 所示。

表3-3 按照当前房价且以30年工作收入购房测算的保障房准入标准

年份	商品房市场价格① (元/平方米)	人均住房使用面积 (平方米)	测算人均可支配年收入 (准入标准，元)
2007	11035.61	21.5	10519
2008	11472.71	21.56	10966
2009	13224.14	21.61	12669
2010	17150.82	19.49	14819
2011	15516	19.82	13634

资料来源：根据《北京市统计年鉴》数据计算所得。

表 3-3 中计算出的人均可支配年收入为当前房价下且以 30 年的工作收入可以买得起商品房的居民收入下限，也就是说，当收入低于测算出的人均可支配年收入将无力购买商品房，需要政府为其提供住房保障。因此，测算出的人均可支配年收入可以作为保障房的准入标准。例如，2011 年，通过对年鉴数据计算得到的北京市商品房住宅销售平均价格为 15516 元/平方米，人均住房使用面积为 19.82 平方米，以 30 年的收入购买商品房，居民具备购房能力的居民年收入水平最低为 13634 元，收入水平低于 13634 元的居民应该由政府为其提供住房保障。所以 13634 元被划定为保障房准入标准。

α 取值 30，即以 30 年的工作收入购买商品房是一个比较极端的假设，从对减轻居民购房负担、提高生活质量的角度出发，可以考虑降低 α 取值，当人们以 6 年、10 年、15 年、20 年、25 年的工作收入购买商品房时，计算出具备购房能力的居民最低收入水平。实际上是在居民不同购房方案（指以不同年数的收入购买商品房）下，对保障房准入标准进行政策模拟，结果如表 3-4 所示。

---

① 《北京市统计年鉴》中商品房住宅销售总额除以销售总面积所得的商品房均价。

第三章 北京市保障性住房准入标准研究

表3-4 α不同取值下保障房准入标准的政策模拟   单位：元

年份	6年	10年	15年	20年	25年	30年
2007	52594	31556	21038	15778	12623	10519
2008	54830	32898	21932	16449	13159	10966
2009	63346	38008	25339	19004	15203	12669
2010	74096	44458	29639	22229	17783	14819
2011	68169	40901	27267	20451	16360	13634

资料来源：根据《北京市统计年鉴》数据计算所得。

表3-4的计算结果可以为相关政府部门在划定保障性住房准入标准时提供决策思路。以6年、10年、15年等不同年数的收入购买商品房，这里被称为居民不同的购房方案，实际上也是政府导向的购房方案。具体来说，因政府部门可以相对全面掌握社会经济生活信息，在制定保障房准入标准或是对商品房市场价格进行引导时，可以先有一个导向性的决策，即居民以多少年的工作收入可以买得起商品房是正常的。例如，2011年相关政府部门认为，居民以20年的收入可以购买商品房是正常的，且不会影响到居民生活质量等方面，那么保障房的准入标准可以考虑划定为20451元，若认为居民以10年的工作收入购房是符合经济发展实际的，则准入标准可以划定在40901元。

此外，北京市保障性住房是由廉租房、经适房、限价房等不同的保障模式构成，因此准入标准线不是一条，而是多条。这里提出的从商品房市场价格出发，基于房价收入配比公式，计算保障房准入标准的测算方法也可以解决准入标准多重划定的问题。依照保障房制度，"三房"供应对象居民收入水平依次升高，以2011年为例，若以30年工作收入仍无力购房的居民应是住房需求最无法得到满足的群体，相关政府部门可以考虑将廉租房的准入标准划定为13634元，以20年工作收入可以购买商品房时居民的收入水平作为经适房准入标准20451元，以15年工作收入可以购买商品房时居民的收入水平作为限价房准入标准27267元。不管以15年、20年或是30年收入购房对居民来说都是沉重的负担，如果政府在划定保障房准入标准时依照这种方法，就相当于提高了中低收入居民在15年、20年甚至30年的生活质量，把居民从过大的购房压力中解放出来，真正发挥保障性住房制度的社会福利保障作用。

综上所述，从商品房市场价格出发，基于房价收入配比公式计算保障房准入标准的方法与政府给定保障规模下的准入标准测算方法相比，特点是从社会经济生活实际出发，从居民实际收入水平出发，有别于制度制定由上及下的惯性思维方式，实际上是一种由下而上的制度制定方法，为保障房准入标准划定提供了新思路和新方法。

三、调整保障房准入标准的政策效应分析

北京市保障性住房制度是由多种住房供给结构、面向不同中低收入住房困难家庭提供多层次住房保障的制度体系。任何一种保障模式准入标准的变化都会引起系统内保障模式之间结构比例的改变。2010年,廉租房标准调整,下面以此次廉租房准入标准调整为例,对保障房准入标准调整的政策效应展开分析。

(一)廉租房新旧准入标准效应分析

汇总《北京市统计年鉴》2007~2011年人均家庭年收入数据,选取 Gamma 函数拟合居民家庭收入密度函数曲线族可以观察居民收入分布的变化趋势,如图3-6所示。

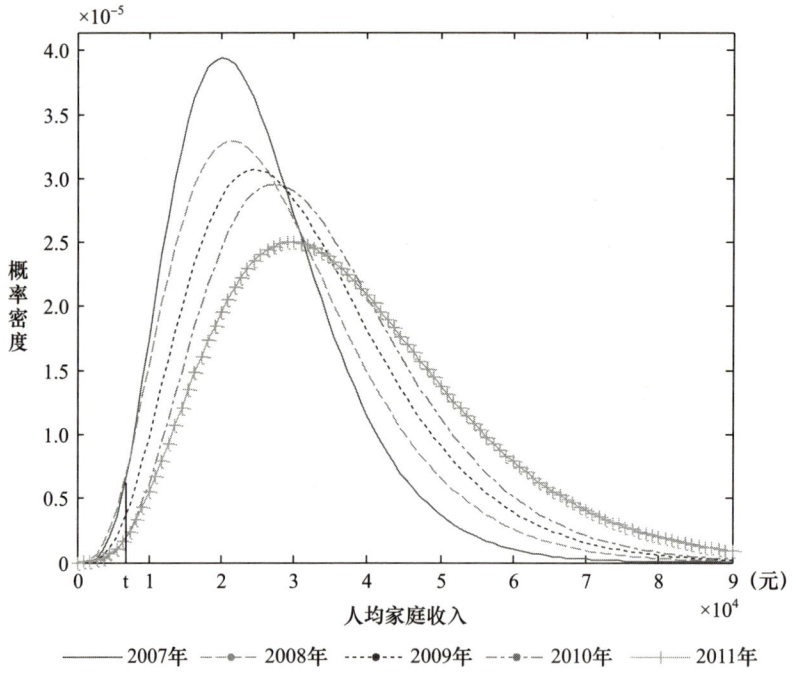

图3-6 2007~2011年北京市城镇居民人均家庭收入密度函数曲线族

图3-6中,t是准入标准线,2007~2011年居民收入总体变化趋势为:居民平均收入水平逐年提高;居民高低收入者收入差距变大。因此,在t不变情况下,由准入标准t、横轴和密度曲线围成的面积逐年变小,说明收入水平在准入

标准线以下的居民人数比例在逐年下降,即廉租住房制度保障规模是逐年下降的。

2010年7月,北京市住房与城乡建设委员会发布文件,城六区居民申请廉租住房家庭收入准入标准从原规定的家庭人均年收入低于6960元调整为低于11520元,新标准于2010年8月施行。根据新旧标准,以2010年、2011年为例,分别测算了新旧准入标准下廉租住房制度的保障规模,并进行政策效应对比分析。

表3-5 2010年和2011年廉租住房新旧准入标准保障水平对比分析

年份	准入标准（元）	人口比例	人数（人）	户数（户）
2010	6960	0.00396	39184	13994.36
2010	11520	0.02681	265285	94744.63
2011	6960	0.00381	38626	14305.84
2011	11520	0.02487	252132	93382.24

资料来源:依据历年《北京市统计年鉴》计算所得。

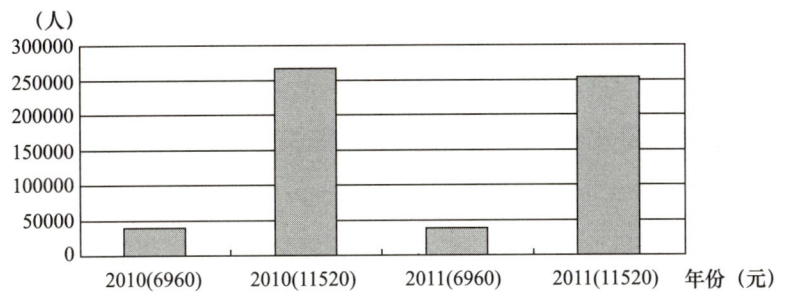

图3-7 2010年和2011年廉租住房新旧准入标准下保障规模对比

表3-5分别测算了2010年、2011年在新旧准入标准下廉租住房制度保障水平对比情况。图3-7重点比较新旧标准覆盖居民人数差异。其中,2010年家庭人均收入低于准入标准6960元的人口比例为0.396%,当准入标准提高到11520元时,这一人口比例提高到2.681%,增加了2.285%,对应的人数增加了226101人,户数增加了80750.27户。2011年,新旧标准保障水平提高同样显著,新标准覆盖的低收入居民人数是旧标准的6.5倍,大大提高了被纳入廉租住房福利保障体系的低收入居民人数。廉租房准入标准调整后,廉租房制度惠及更多低收入住房困难家庭。

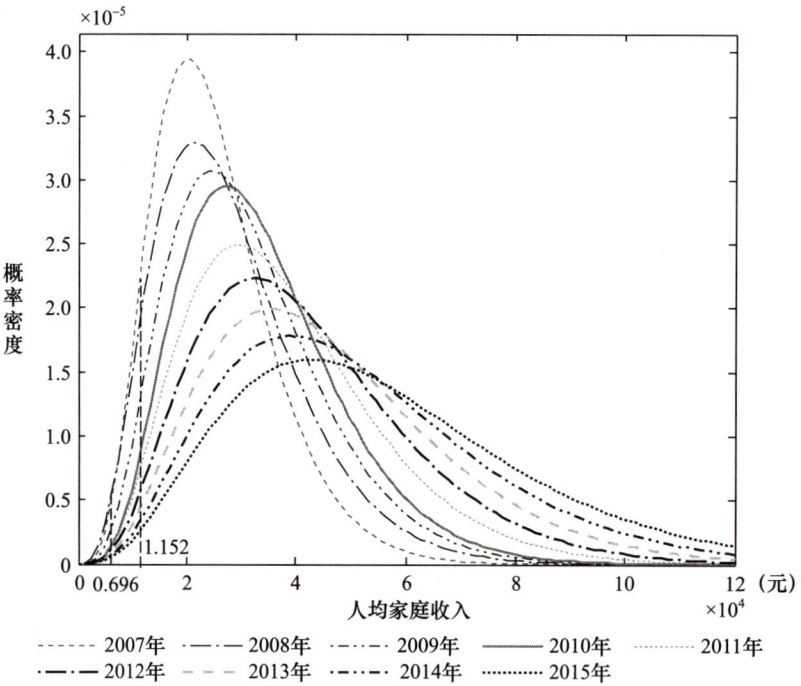

图 3-8　2007~2015 年新旧标准廉租住房制度保障规模对比

图 3-8 是 2007~2015 年廉租住房新旧准入标准线保障规模的政策效应对比分析。从中可以得出两点结论：一是廉租住房准入标准的提高使更多的低收入居民家庭被纳入廉租住房保障体系，提高了制度保障水平；二是随着时间的推移，因居民收入分布的变化，新准入标准下的保障规模也在逐年下降。实际上，为了确保廉租住房制度可以稳定覆盖一定比例的低收入居民，准入标准线应该随着居民收入总体分布的变化而变化，即居民收入总体分布应与廉租住房准入标准线形成联动机制。具体来说，当居民平均收入水平提高，高低收入差距不变时，应提高准入标准；当居民平均收入水平不变，收入差距变大时，应提高准入标准；当平均收入水平和收入差距同时增加，也应提高准入标准；反之，则应降低准入标准。

（二）廉租房准入标准调整对保障性住房体系结构影响的效应分析

廉租住房准入标准的单方面调整可能改变原有保障性住房体系结构。北京市保障性住房的"三房"是一个有机整体。目前，较之廉租住房，经济适用房和限价商品房准入标准从 2007 年执行以来还未做任何调整。表 3-6 是根据现行"三房"准入标准线分别计算的保障规模。

表 3-6　2007~2015 年北京市保障房"三房"制度保障规模

年份	保障房总体	廉租住房	经济适用房	限价商品房
2007	0.6915	0.0127	0.14999	0.52883
2008	0.59805	0.0150	0.12956	0.45347
2009	0.50488	0.0072	0.08689	0.41079
2010	0.43001	0.0040	0.05769	0.36836
2011	0.35309	0.0249	0.02884	0.29938
2012	0.28861	0.0191	0.02223	0.24732
2013	0.23371	0.0147	0.01716	0.20184
2014	0.18799	0.0114	0.0133	0.16325
2015	0.15054	0.0090	0.01035	0.13121

资料来源：根据北京市住房和城乡建设委员会发布准入标准计算所得。

图 3-9　2007~2015 年保障性住房"三房"保障规模结构比例

从表 3-6 和图 3-9 中可以看出，2007 年保障性住房制度全面推行之初，根据各自划定的准入标准，廉租住房制度覆盖人数比例最少，经济适用房次之，符合限价房准入标准的居民人数最多。2010 年标准调整后，廉租住房保障人数显著增加，这是由于 2011 年起，原本符合经济适用房申请条件的居民中，收入较低的部分居民被划归到可以申请廉租住房的居民范畴，而限价商品房准入标准并未提高，这使得经济适用房的人数减少，即保障性住房体系中的"三房"人数结构比例改变。保障性住房中，经济适用房和限价商品房申请者可以获得住房有限产权，而廉租住房则是以实物配租和补贴为主，房屋产权不会私有化，是目前政府重点推广并加紧建设的主要保障性住房手段。同时，在保障性住房规划与建设之初，相关政府部门对"三房"在建设数量、房屋结构等方面均有明确规划，如果因为忽视居民总体收入分布的变化，或是通过政策干预手段单一变动三个准入标准一个、两个，都会出现"三房"结构比例失调，即与预先规划中设计建造的"三房"数量比例有偏差,这将影响保障性住房制度政策的落实,阻碍保障性住房系统的良性运转,以及有限社会资源因未达到合理配置而造成浪费。

第四节 本章小结

综上所述,本章的主要结论为:

第一,总结现行北京市保障房准入标准制度规定,并提出现行准入标准存在的问题:保障房准入标准划定的科学性和测算方法的合理性问题,保障房准入标准僵化、缺乏灵活性,保障房"三房"的准入标准的协同性问题。

第二,构建比较静态分析模型作为本书研究理论基础。保障房准入标准的测算与居民收入总体分布、保障规模密切相关。比较静态分析模型用于说明三个指标间相互作用关系。分别讨论了在准入标准改变、居民收入分布不变时对保障规模的影响,居民收入分布函数变化、准入标准不变时保障规模的变化情况,以及在准入标准和居民收入函数均发生变化时对保障规模产生的政策效应。

第三,提出两种测算保障房准入标准的方法。一是在政府给定保障规模的情况下,基于收入分布函数拟合方法测算准入标准;二是从商品房市场价格出发,基于房价收入配比公式方法测算准入标准。分别对 2007～2011 年统计数据进行实证分析和政策模拟。

第四,对保障房准入标准调整后,即新旧准入标准的政策效应的对比分析。以廉租房为例,当准入标准改变后,利用 2010 年和 2011 年的数据进行实证研究,比较前后的政策效应差异。

第五,"三房"同处保障性住房体系内,当保障房总体制度保障规模不变时,单方面调整廉租房的准入标准将会改变原有的保障房"三房"比例结构,相关政府部门在考虑调整准入标准时,对此问题应给予足够的重视。

第四章 北京市保障性住房保障规模研究

保障性住房作为重要的政策性住房形式,为中低收入住房困难家庭提供满足基本住房需求的住房保障。有别于普通商品房市场的住房供给模式,保障房以租赁补贴和限定价格的实物配售为主要保障形式。保障性住房与普通商品房市场提供的住房具有同质性,即都是供居民家庭满足居住需求。现阶段保障房建设实践中,"三房"很多采取在普通商品房开发中按一定比例配建的方式,因此保障性住房一定程度上可与普通商品房共享周边配套设施等资源,但因保障性住房是带有福利性质的社会保障形式,保障房租购入与普通商品房购房者相比,租购住房的经济成本要小得多,这使得保障房成为稀缺资源。此外,对于收入略高于保障房准入标准的居民来说,如何通过制度设计使保障房体系与普通商品房市场良性对接,即使得收入略高于保障房准入标准的居民有能力购买普通商品房,避免夹心层的出现。这些是政府相关部门需要解决的问题。

本章首先对北京市目前城市居民的基本住房状况进行分析。其次对北京市保障性住房保障规模进行测算。测算主要分两个方面:一方面是保障房制度保障规模的测算,也就是说,按照保障房"三房"准入标准测算的,收入水平低于准入标准线的中低收入居民人数,这里称为制度保障规模;另一方面是按照当前的商品房价格水平和居民现实收入水平测算的保障房实际需求总量。最后把两部分结果作对比,并以此为依据,对现在可能存在的住房夹心层群体问题进行讨论。

第一节 现状分析

北京市是我国经济、政治、文化中心,也是具有高度开放性、融合性、多元化的国际性大都市。近年来,商品房价格一路走高,房价绝对值和环比增速都位居一线城市前列。高房价和居民住房需求的矛盾成为主要社会矛盾之一。针对此状况，相关政府部门开始大力投入对保障房的建设，希望能够缓解北京市居民和部分符合政策条件的外来务工人员的基本住房需求。

从1990年起，北京市对房地产业的投资逐年加大，1995年以后房地产投资占全社会固定资产投资额维持在30%以上，如图4-1所示，2001年时更是超过50%，截至2011年，这一比例为51.37%。房地产行业成为了拉动经济增长的重要力量。

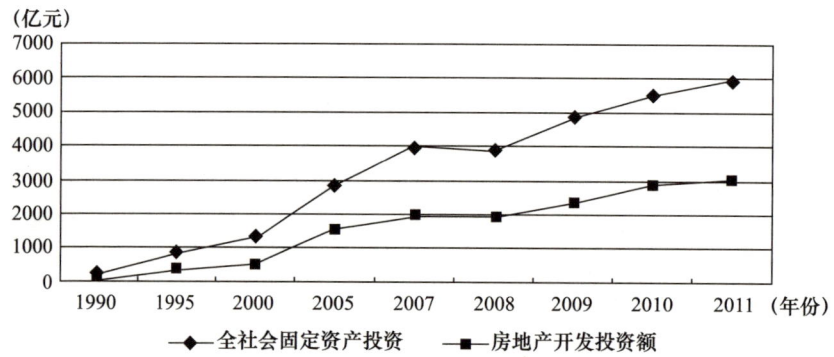

图4-1　北京市全社会固定资产投资和房地产开发投资额比较

房地产行业的迅速发展一定程度上满足了居民住房的需求，但是近几年，特别是在2007年后，北京市住房供求矛盾逐步凸显，即以房屋供不应求为主要动因，致使房价上涨过快。

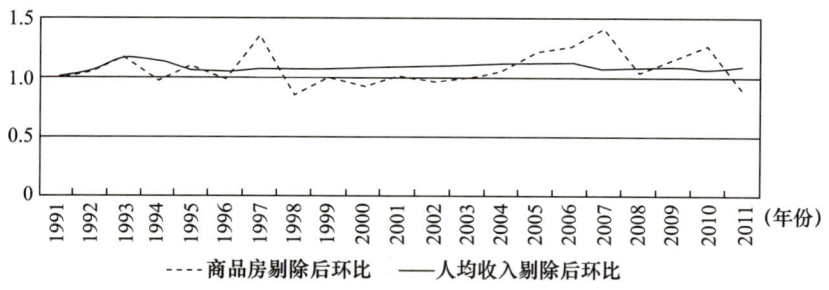

图4-2　1991~2011年商品房价格与人均可支配收入变动趋势对比

图4-2选取了1991~2011年北京市人均可支配收入与商品房均价数据，在进行了剔除物价指数和数据环比处理后得到的两指标20年的相对变化趋势图。

可以看出，从2005年开始，商品房价格的涨幅逐步超过人均可支配收入的增长速度，2008年商品房涨幅有所回落，但2009年、2010年商品房价格的上涨幅度依然高于人均可支配收入的涨幅，2011年有所回落。从总体趋势看，人均可支配收入的涨幅较为平缓，而商品房价格的波动性比较大。

表4-1 北京市城镇居民（5000户）住房房屋产权情况　　单位：%

年份	租赁公房	租赁私房	原有私房	公房改私房	商品房	其他
2008	13.5	3	2.1	50.2	28.6	2.6
2009	13.7	2.4	2	49.7	30.3	1.9
2010	13.3	2.6	1.9	49.8	31.4	1
2011	11.5	4.1	5.7	41.9	33.8	3.0

资料来源：《北京市统计年鉴》（2012）。

从表4-1可以看出，经过住房商品化改革的公房改私房政策，使得接近半数的居民获得了房屋的产权，购买商品房的比例2009年较2008年有缓慢提升，这是因为房改政策已基本完成，通过公房改私房形式获得房屋产权的居民比例在未来还会有所下降。随着北京市保障性住房建设的快速发展，租赁公房的比例在未来几年将会显著上升。

表4-2 北京市城镇居民（5000户）住宅建筑式样情况　　单位：%

年份	单栋住宅	四居室	三居室	二居室	一居室	普通楼房	平房及其他
2008	0.2	2.1	25	56.2	8	2.4	6.1
2009	—	2.2	24	57.7	8.7	1.3	6.1
2010	—	2	24.7	58.1	8.5	1	5.7
2011	0.1	1.4	24.0	55.8	8.3	0.8	9.6

资料来源：《北京市统计年鉴》（2012年）。

在住宅建筑式样方面，从表4-2可以看出，居民住宅的结构以二居室和三居室的结构为主，两者相加的比例超出了80%，说明目前社会家庭的类型是由小规模家庭替代了传统的大家庭模式，在保障性住房建筑户型规划中，上述结论可供参考，在房屋户型设计以二居室和三居室的结构为主。

第二节 保障房制度保障规模测算

对北京市保障性住房制度的测算以准入标准为基准,计算收入水平低于准入标准线的中低收入居民人数,这一人数比例对于政策制定具有重要参考价值。具体来说,将按照保障房"三房"准入标准线,分别计算2007~2011年的廉租房、经适房和限价房制度保障规模。为了对"十二五"期间保障房制度保障规模的趋势变化有所了解,本书还对2011~2015年的保障房制度保障规模进行了预测。

本章预测引入平均增长率方法,分别计算出2007~2011年居民收入"五分组"数据的平均增长率,再根据平均增长率计算出2012~2015年对应的居民收入"五分组"数值,然后以Gamma函数拟合收入分布密度函数曲线族,如图4-3所示。拟合出的收入分布函数为保障规模的测算和预测做好方法准备。

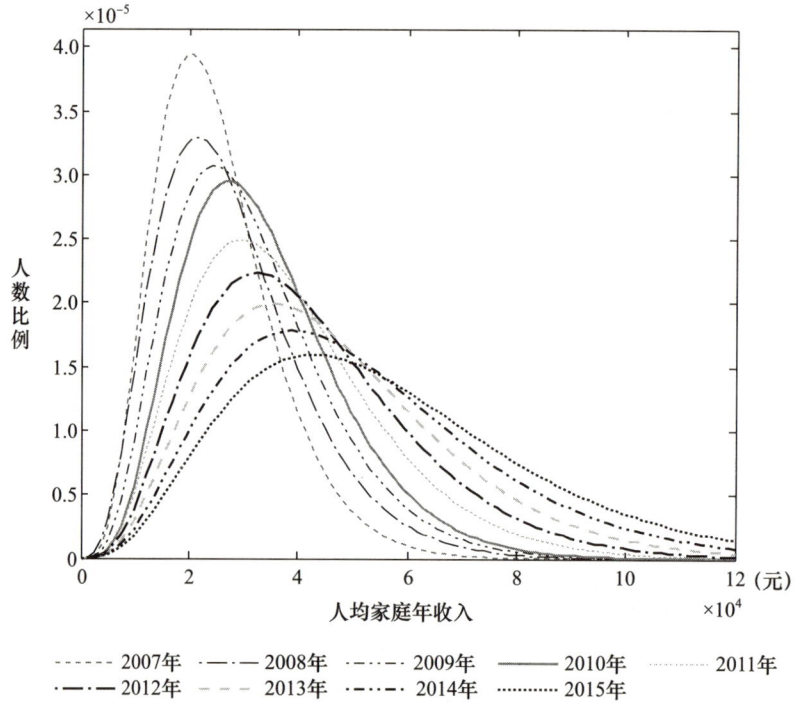

图4-3 2007~2015年人均家庭年收入分布密度函数曲线族

一、廉租住房制度保障规模计算与预测

2008年6月发布的《北京市廉租住房、经济适用房家庭收入、住房、资产收入标准的通知》中规定，人均家庭年收入低于6960元（580元/月）的低收入居民在其他条件均符合规定的情况下准予申请廉租住房。随着北京经济的增长，廉租房准入标准也随之提高，由原来的6960元调整为11520元（960元/月），新标准从2010年8月开始实施。基于上述情况，在计算廉租房制度保障规模时做了如下处理：2007~2010年按照旧标准计算，即6960元的准入标准线；2011年以后按照新的标准线11520元计算制度保障规模。

表4-3 2007~2010年北京市廉租住房制度保障规模

年份	准入标准（元）	人口比例	人数（人）	户数（户）
2007	6960	0.0127	117797	42070.43
2008	6960	0.0150	142795	50998.26
2009	6960	0.0072	69977	24991.71
2010	6960	0.0040	39184	13994.36

资料来源：根据《北京市统计年鉴》数据计算所得。

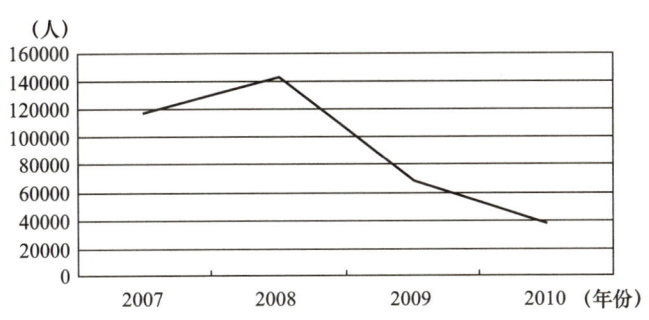

图4-4 2007~2010年北京市廉租住房制度覆盖居民人数趋势变化

从表4-3可以看出，2007年廉租房准入标准6960元可以覆盖1.27%的城市低收入居民，居民人数为117797人，按照每户平均2.8人的标准计算，折合家庭42070.43户。但在2010年，廉租房制度保障规模下降明显，人口比例已经下降到0.4%，虽然表面上看，6960元的准入标准并未改变，但由于居民收入总体分布的变化使制度保障规模逐年减少。这一趋势在图4-4中表现得更为明显。

表4-4 "十二五"期间北京廉租住房制度保障规模

年份	准入标准（元）	人口比例	人数（人）	户数（户）
2011	11520	0.02487	252132	93382.24
2012	11520	0.01906	197497	73147.05
2013	11520	0.01471	155789	57699.49
2014	11520	0.01144	123832	47627.86
2015	11520	0.00898	99351	38211.74

资料来源：根据《北京市统计年鉴》数据计算所得。

执行新标准后，2011年廉租房制度覆盖人口比例显著提升到2.487%，有252132人、93382.24户被纳入廉租房住房保障之中（见表4-4）。可见，新标准的执行使廉租房制度保障规模明显提高，廉租房制度保障水平提高。但是，廉租房制度保障规模水平有所降低，由2011年的2.487%下降到2015年的0.898%。这也是由居民收入总体收入的变化引起的。所以，要保证稳定的制度保障规模，就要根据居民收入的变化，适时对准入标准进行调整。

二、经济适用房制度保障规模计算与预测

经济适用房准入标准从2007年发布以来并未做出调整。按照家庭人数的差别，制定了多个家庭收入准入标准线，为了方便计算，首先对经适房标准线计算了平均值，即人均家庭年收入14480元，以此为基准结合收入分布函数即可算得收入水平在14480元以下的低收入居民人数，如表4-5所示。

表4-5 2007~2015年北京市经济适用房制度保障规模

年份	准入标准（元）	人口比例	人数（人）	户数（户）
2007	14480	0.14999	1393407	497645.39
2008	14480	0.12956	1231727	439902.47
2009	14480	0.08689	844484	301601.40
2010	14480	0.05769	570843	203872.34
2011	14480	0.02884	292380	108288.86
2012	14480	0.02223	230344	85312.64
2013	14480	0.01716	181736	67309.53
2014	14480	0.0133	143966	55371.55
2015	14480	0.01035	114508	44041.37

资料来源：根据《北京市统计年鉴》数据计算所得。

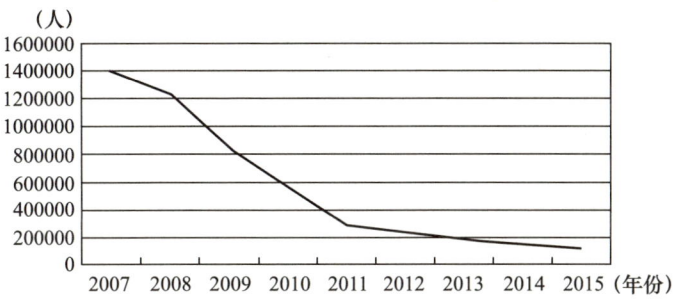

图4-5 2007~2015年北京市经适房制度覆盖人数趋势变化

2007年按照14480元的准入标准和居民收入分布函数，计算出制度保障规模为14.99%这一较高水平，但到了2015年，这一比例下降到1.035%，经适房制度保障规模大幅降低（见图4-5）。究其原因与廉租房情况类似，是由北京市近年来居民收入总体分布变动造成的。居民收入平均水平逐年提高，高低收入者收入差距在逐年加大，依照第三章的比较静态分析模型，居民收入的这种变化在准入标准不变的情况下，将导致制度覆盖人口规模的逐年下降。

三、限价商品房制度保障规模计算与预测

限价商品房是北京市保障房供应对象中收入水平最高的居民群体。根据家庭人数的差异，在对限价房的申购中设定了不同水平的准入标准。为了计算方便，先求得平均限价房准入标准为29142元。根据这一标准，结合收入分布函数拟合方法，可以算得对应的限价房制度保障规模，如表4-6所示。

表4-6 2007~2015年北京市限价商品房制度保障规模

年份	准入标准（元）	人口比例	人数（人）	户数（户）
2007	29142	0.52883	4912831	1754582.39
2008	29142	0.45347	4311139	1539692.60
2009	29142	0.41079	3992468	1425881.43
2010	29142	0.36836	3644922	1301757.93
2011	29142	0.29938	3035114	1124116.46
2012	29142	0.24732	2562695	949146.24
2013	29142	0.20184	2137619	791710.68
2014	29142	0.16325	1767102	679654.57
2015	29142	0.13121	1451646	558325.36

资料来源：根据《北京市统计年鉴》数据计算所得。

从表4-6、图4-6可以看出，限价商品房的制度保障规模从2007年以来一

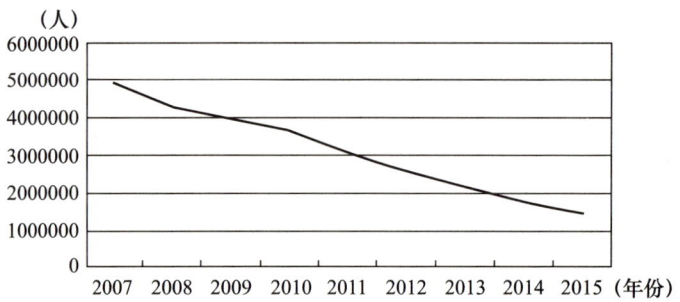

图 4-6　2007~2015 年北京市限价商品房制度覆盖人数趋势变化

直维持在较高水平，2007 年覆盖了全市户籍人口的 52.88%，2015 年这一比例为 13.12%。限价商品房准入标准是"三房"准入标准中最高的一条，也就是说，收入水平凡是高过限价房标准的就该由普通商品房市场满足居民的住房需求。从限价房的准入标准来看，北京市保障房政策制定之初，在制度保障规模上政府所制定的保障规模目标处于高位水平。下面把 2007~2015 年的"三房"制度覆盖人口比例进行汇总，如图 4-7 所示。

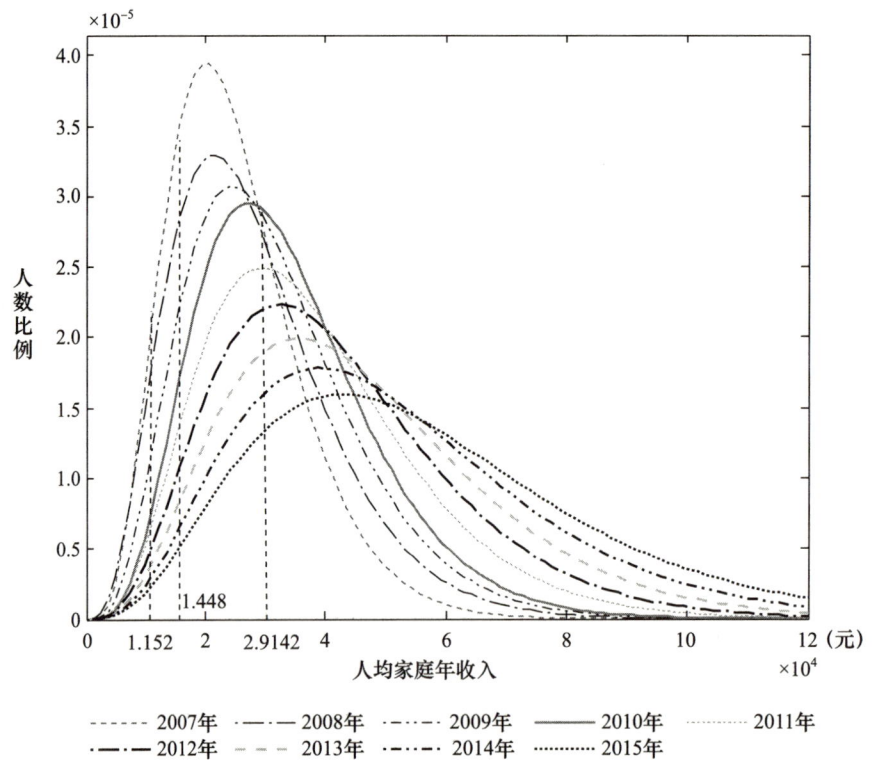

图 4-7　2007~2015 年北京市保障房"三房"制度保障规模函数曲线族

从图 4-7 中，首先，可以看到 2007~2015 年居民收入总体变化趋势，即平均收入水平提高，但收入差距逐年拉大。这一变化可以解释"三房"制度保障规模在准入标准不变的情况下逐年下降的现象。其次，三条竖线分别为"三房"的准入标准，可以看出"三房"制度保障规模之间的比例关系，准入标准、横轴与收入密度函数围成的面积代表制度覆盖居民的人数比例，可以看出就目前的准入标准，限价房制度覆盖的人数比例最大，而廉租房和经适房的覆盖人数比例大体相当。最后，如前文所述，限价房准入标准为保障房制度准入标准中最高的一条。从计算结果中可以算出，在 29142 元的标准线下，2007 年覆盖总户籍人口的 69.15%，2011 年为 35.3%，到 2015 年这一比例下降为 15.054%。目前，限价房制度保障规模比例大，并非出于政策导向原因。众所周知，当前，政府把推进廉租房建设作为保障房工作的重点，所以限价房制度保障规模较大是廉租房和经适房的准入标准过低的结果，限价房在现行的保障房"三房"准入标准下被动地承受了过大的保障压力。未来，"三房"制度保障规模比例问题应该受到保障房制度制定者的充分重视。

四、保障房供求缺口分析

2007 年北京市保障性住房制度全面推行以来，包括廉租房、经适房、限价房在内的各种类型保障房都在紧张建设中。政府部门按期公布保障房建设目标和完成情况，表 4-7 汇总了 2007~2011 年《北京市统计年鉴》公布的保障房"三房"竣工面积数据。住房竣工面积是指报告期内房屋建筑按照设计要求已全部完工，达到住人和使用条件，经验收鉴定合格（或达到竣工验收标准），可正式移交使用的各栋房屋建筑面积的总和。本书选取住房竣工面积数据代表保障房供给总量的指标，并与前文计算出的保障房制度保障规模，即保障房需求总量数据做对比，进而计算出保障房供求缺口数量。

表 4-7　2007~2011 年北京市保障房竣工面积　　单位：万平方米

年份	廉租房	经适房	限价房
2007	—	188.6	—
2008	—	101.1	—
2009	—	98.2	82.8
2010	12.9	144.6	219.3
2011	83.4	113.7	155.7

资料来源：《北京市统计年鉴》。

如表4-7所示，因经适房在各类型保障房中起步较早，所以数据较为完备，廉租房和限价房的数据均有缺失。根据现有数据，依照廉租房单套建筑面积不超过50平方米，经适房不超过60平方米，限价房平均①不超过75平方米的标准，可以计算出2007~2011年保障房"三房"的供给总套数，并与前文的制度需求总套数做对比，即可得出保障房供求缺口数量。计算结果如表4-8、表4-9、表4-10所示。

表4-8 2010~2011年廉租房供求缺口分析

年份	准入标准（元）	需求套数（套）	供给套数（套）	供求缺口（套）
2010	6960	13994	2580	-11414
2011	11520	93382	19260	-74122

资料来源：结合《北京市统计年鉴》数据与表4-3、表4-4计算所得。

表4-9 2007~2011年经适房供求缺口分析

年份	准入标准（元）	需求套数（套）	供给套数（套）	供求缺口（套）
2007	14480	497645	31433	-466212
2008	14480	439902	48283	-391619
2009	14480	301601	64650	-236951
2010	14480	203872	88750	-115122
2011	14480	108289	107700	-589

注：结合《北京市统计年鉴》数据与表4-5计算所得。

表4-9中，2010年前经适房供给套数比实际供给套数偏大，是由于从1994年就已经启动经适房的建设，是推行最早的保障性住房形式。早些时候，经适房的建造标准与现行标准相比普遍有偏差，最明显的体现在住房建筑面积上。现行标准为经适房单套建筑面积不超过60平方米，而早些时候建造的经适房建筑面积在100平方米以上的比较多见。表4-9中的供给套数是竣工面积除以现行经适房最大建筑面积标准60平方米计算出的，所以供给套数比实际数值偏大，也就是说，表中计算的供求缺口可能偏小。此外，2011年测算出的供求缺口较2010年急剧减少，原因是经适房准入标准14480元在两年没有变化，而居民收入分布的变化使2011年经适房制度保障规模人数较2010年减少了46.8%，2011

---

① 限价房制度规定一居室单套住房面积不超过60平方米，二居室不超过75平方米，三居室不超过90平方米。这里取算术平均值75平方米计算。

年经适房的竣工面积较之往年仍在匀速增长，所以2011年供求缺口较前一年大幅下降，表明在现行经适房准入标准下，经适房供给数量相对比较充分。

表4-10 2009~2011年限价房供求缺口分析

年份	准入标准（元）	需求套数（套）	供给套数（套）	供求缺口（套）
2009	29142	1425881.43	11040	-1414841.43
2010	29142	1301757.93	40280	-1261477.93
2011	29142	1124116.46	61040	-1063076.46

资料来源：结合《北京市统计年鉴》数据与表4-6计算所得。

由此可见，根据保障房"三房"准入标准计算出制度保障规模，即制度覆盖的居民人数，再除以平均家庭规模可以得出保障房需求总套数。根据保障房竣工面积做累加计算后，再除以"三房"建筑面积标准，可以得到保障房供给总套数，两项做减法即可得到保障房供求缺口总套数。由表4-8、表4-9、表4-10可以看出，廉租房和限价房供求缺口较大，经适房虽然也存在供求缺口，但情况稍好。

综上所述，北京市保障性住房建设工作是一项长期而艰巨的系统工程，需要政府和社会机构的共同参与及努力，才能使保障房制度得到真正的贯彻和落实、中低收入家庭的住房需求得以保障。

第三节 保障房实际需求总量测算

保障性住房实际需求总量是相对制度保障规模提出的概念，同样指需要依靠保障性住房解决住房困难的中低收入居民的人数，但两者定义的角度有差别。制度保障规模是从官方视角，以政府出台的政策法规为依据，即依照准入标准线对保障人数进行计算。而保障房实际需求总量，则是在充分考虑到实际居民收入水平和实际商品房价格等因素，从现实生活角度对无力购买商品房[①]需要住房保障的人数进行计算，把计算所得的居民人数称为保障房实际需求总量。

一、房价既定下保障房实际需求总量研究

面对从2007年以来的高房价，是否可以找到一种方法计算在目前商品房价

---

① 本文中提到的商品房均指商品房住宅。

格既定下,居民的收入应该达到什么水平才有能力购买商品房,或者说,当居民收入在什么水平以下则无能力购买商品房,这时无购房能力的居民人数就是需要通过住房保障来满足其住房需求的居民人数,即从实际商品房价格出发计算出的保障房实际需求总量。

计算是从实际商品房价格 P 出发,找到可以购买商品房的居民可支配收入标准 I',有了这个收入标准就可以用收入分布函数拟合方法计算出对应的人数比例。问题的关键在于,商品房价格 P 与居民可支配收入 I' 该如何转换计算。房价收入配比公式恰好可以解决这个问题。

(一) 实证结果分析

在房价既定下,计算北京市保障房实际需求总量,将房价收入配比公式改写为:

$$I = (P \times A \times 1.33)/\alpha \quad (4-1)$$

式中,商品房价格 P 由年鉴数据计算得出,作为已知变量,经式(4-1)计算出的居民人均可支配收入记为 I',而后将以 I' 为标准结合收入分布函数方法,计算 I' 对应的居民人数比例,收入水平在 I' 以下的居民即为无力购房需要住房保障的人口数量。

关于 α 的选取。根据北京实际情况,做出如下假设:

假设1:无任何生活消费情况下,即按照居民人均可支配收入指标计算,一个人工作 α 年能够买得起人均使用面积大小的一套住房来计算人均可支配收入与商品房价格的关系。

假设2:平均参加工作年龄20岁,平均退休年龄是50岁,即 α 取值区间为 $(0,30]$,当取 $\alpha=30$ 表示以30年的收入所得购买商品房。

表4-11 当前房价水平下以30年收入所得仍无购房能力的人数

年份	商品房价格(元/平方米)	人均住房使用面积(平方米)	I'	对应概率	无购房能力人数(人)	户数(户)
2007	11035.61	21.5	10519	0.0906	841674	300598
2008	11472.71	21.56	10966	0.0945	898412	320861
2009	13224.14	21.61	12669	0.1092	1061315	379041
2010	17150.82	19.49	14819	0.1129	1117146	398981
2011	15516	19.82	13634	0.0672	681274	252324

从表4-11计算结果看,2011年商品房平均价格15516元/平方米,按照 $\alpha=30$ 来计算,即一个人以30年收入所得购买房价为15516元/平方米的使用面积为

19.82 平方米的商品房，具备购房能力的收入水平分界点为 $I' = 13634$ 元，低于这一收入水平的居民意味着即使以 30 年的收入所得也无力购房，那么这部分居民就要依靠住房保障满足其住房需求。2011 年收入水平低于 13634 元的人数为681274 人，占全市户籍人口的 6.72%，折合 252324 套住房。

$\alpha = 30$ 是一个比较严苛的假设，即用 30 年的收入所得，且在没有任何生活消费的情况下计算出的结果。在这种极端情况下，2007~2010 年有 10% 左右的居民仍无力购房，2011 年略有好转，这一比例下降为 6.72%。这部分低收入居民需要通过保障性住房制度满足其住房需求。

（二）不同 α 取值下居民购房能力的政策模拟

当改变 α 的取值，即在当前房价水平下，预计分别用 6 年、10 年、15 年、20 年、25 年的收入所得购买人均建筑面积大小的一套住房时，2007~2011 年，因收入水平所限无能力购买住房的人数比例如表 4-12、图 4-8 所示。

表 4-12　当前房价水平下以 α 年收入所得仍无购房能力的人数比例折线图

年份	α=6	α=10	α=15	α=20	α=25	α=30
2007	0.9616	0.7936	0.5608	0.3389	0.1763	0.09
2008	0.9481	0.7316	0.536	0.3318	0.1749	0.09
2009	0.9585	0.7745	0.5709	0.3726	0.2064	0.1092
2010	0.9663	0.8324	0.6108	0.3954	0.2193	0.1162
2011	0.9687	0.724	0.3963	0.21	0.1158	0.0672

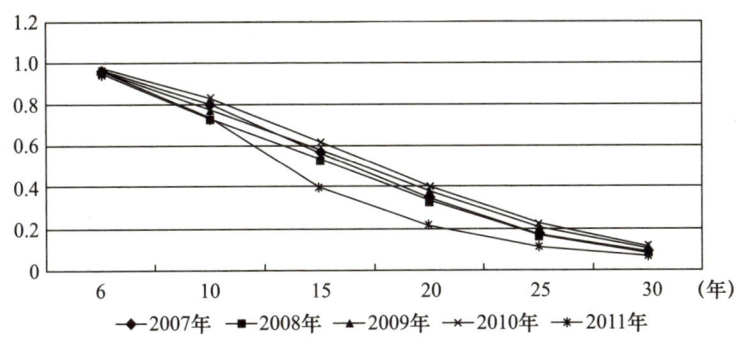

图 4-8　2007~2011 年无能力购房的人数比例折线图

表 4-12 汇总了当 α 取不同数值时，在对应年份的商品房价格下，无力购房的居民人数比例，图 4-8 是无能力购房人数比例的折线图形式。α 取值 6 种水平，其中 α=6 是依照国内研究房价收入比值问题常用的比值上限，其他的 5 个

水平则近似等距取值。可以得出如下结论:

第一,α 取值不变,在时间上纵向比较可以看出,居民购房能力大体是呈逐年下降的态势。2007 年当居民计划以 20 年的收入购买商品房时,按照当时的房价有 33.89% 居民无力购房,而到了 2010 年,这一比例增加为 39.54%,但在 2011 年情况有所好转,为 21%。

第二,在当前房价水平下,北京市居民购买商品房的压力过大。世界银行制定的房价与收入比标准是 5:1,联合国的标准是 3:1,意味着国际标准是以 3 年或 5 年的家庭收入可以购买住房,但依照计算结果,北京居民即使以 20 年的收入在没有任何生活消费的情况下,无能力购房的居民从 2007 年以来还维持在 30%~40% 的水平,足见居民购买商品房的压力之大。

第三,在普通商品房市场,政府部门利用政策手段,可以适度引导商品房定价。比如,政府通过土地出让金优惠、税费减免、指导性商品房定价等手段干预商品房市场价格,起到抑制房价上涨过快的作用。此外,许多购房者是通过银行按揭等金融手段分期支付房款。综合上述情况,政府、金融等政策制定者可以对北京的房价收入比进行先期设置,也就是说,政府、金融等政策制定者希望居民以 15 年的收入可以购买商品房,则土地出让金、税收减免额度、指导性商品房定价以及银行的按揭利率都可以以此为制定制度的基准之一,且其他相关政策,如保障性住房制度准入标准也应参照此基准,才能保证保障性住房体系与商品房市场衔接,避免夹心层群体的出现。

二、收入既定下商品房价格理性区间测算

当把居民收入作为既定值,通过房价收入配比公式和收入分布函数拟合的方法,可以计算出居民可以承受的商品房价格或价格范围,在这里称为商品房理性价格区间。也就是说,在当前居民收入水平下,商品房价格在一个什么样的区间内时居民具有商品房购买能力,超出这一区间,则有住房需求的家庭仍无力购买商品房。这部分研究也将证明当前商品房市场与保障性住房体系并非良性对接,确实存在着夹心层群体,本章最后计算出了夹心层群体的人口比例。

(一)实证结果分析

根据研究需要,提出三个假设:

假设 1:北京市保障性住房制度达到应保尽保。因限价房收入标准线在保障房"三房"标准中最高,现行标准为人均家庭年收入 29142 元,假设在应保尽保情况下,即人均家庭年收入低于 29142 元的居民已被全部纳入保障性住房体系,而年收入高于 29142 元(含)的居民则需要通过商品房市场满足住房需求。因此,限价房准入标准 29142 元可以作为购买商品房居民群体的最低收入水平线,

第四章 北京市保障性住房保障规模研究

同时选取《北京市统计年鉴》中城镇居民人均可支配收入的最高组收入水平为购买商品房居民群体的最高收入水平线。

假设2：住房需求只受房价和收入水平影响，其他因素暂且忽略。把2007～2011年购买商品房居民群体的最低收入水平记为I_{min}和最高收入水平记为I_{max}，分别代入式（3-17），可以算得相应商品房价格的最小值P_{min}和最大值P_{max}，则$[P_{min}, P_{max}]$为商品房价格理性区间，即依照居民收入水平可以消费得起的商品房价格范围。

关于α的取值。根据国际习惯方法$\alpha=6$，即认为合理的人均可支配收入与商品房价格的关系应是用6年的收入可以购买人均使用面积大小的一套住房。如按此标准，计算结果与实际偏差很大，也不符合北京的实际情况，据此提出假设3。

假设3：在北京市城镇居民人均可支配收入基础上扣除基本生活消费性支出，即在人均可自由支配收入下，一个人用α年收入购买人均使用面积大小的一套住房。假设平均参加工作年龄20岁，平均退休年龄是50岁，$\alpha=30$时，即用30年收入在扣除生活基本消费后购买商品房，计算结果如表4-13所示。

表4-13　收入水平既定$\alpha=30$商品房理性价格区间

年份	人均可自由支配年收入（元）		人均住房建筑面积（平方米）$A\times1.33$	推算的合理商品房价格（元/平方米）	
	最低	最高		最低	最高
2007	13835	17241	28.60	14515	18088
2008	12705	20521	28.67	13292	21469
2009	11272	22275	28.74	11766	23251
2010	9231	22654	25.92	10683	26218
2011	7158	27029	26.36	8146	30761

表4-13的计算中居民收入指标选取为居民人均可自由支配收入，即在人均可支配收入中扣除了基本生活消费性支出。2007～2011年人均可自由支配I_{min}是由限价房准入标准29142元减去对应年份的家庭人均消费性支出全市均值得到的，I_{max}是在对应年份的最高收入组人均可支配收入基础上减去对应的最高收入组家庭消费性支出得到的。由式（3-17）得到了2007～2011年居民可承受商品房价格区间$[P_{min}、P_{max}]$。可以做如下分析：首先，2007～2011年P_{min}数值逐渐下降，说明居民商品房购买能力在逐渐降低；其次，P_{min}与P_{max}的差距逐渐拉大，说明居民收入差距决定的商品房购买能力差异在逐步加大。

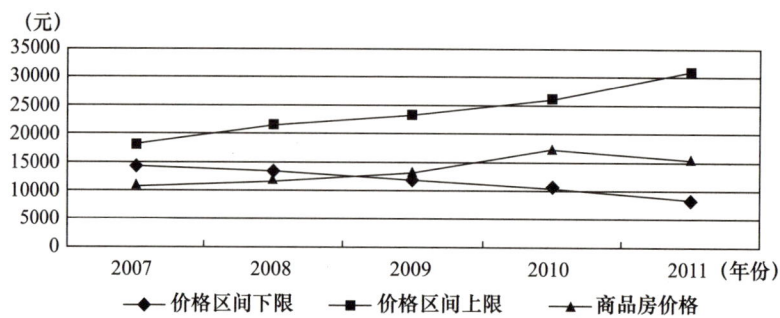

图4-9 实际商品房价格与居民可承受商品房价格区间对比

从图4-9可以看出,2007年、2008年商品房实际售价低于商品房价格理性区间下限值,说明在假设3下,若中高收入居民以30年的人均可自由支配收入积累全部用于购房可以购得人均使用面积大小的商品房。而2009年开始,实际商品房售价高于居民可承受商品房价格区间的下限值,说明有部分中等收入居民一方面因收入高于限价房准入标准而无资格申请限价房,另一方面又因现实房价过高而超出其支付能力而无力购买商品房。所以,这部分中等收入居民成了被排斥在保障性住房体系与商品房市场外的夹心层群体。

(二)政策模拟

上述结论是在 $\alpha=30$ 假设下提出的,这种情况较为极端,下面放宽 α 的取值范围,分别在 $\alpha=6$, $\alpha=10$, $\alpha=15$, $\alpha=20$, $\alpha=25$ 时,即在当前收入水平下,用6年、10年、15年、20年、25年的人均可自由支配收入积累购买人均使用面积大小的一套住房,分别计算居民可承受商品房价格区间,结果如表4-14、图4-10所示。

表4-14 α 不同取值下商品房理性价格区间政策模拟

单位:元/平方米

年份	2007		2008		2009		2010		2011	
房价	最低	最高	最低	最高	最低	最高	最低	最高	最低	最高
$\alpha=6$	2903	3618	2658	4294	2353	4650	2137	5244	1629	6152
$\alpha=10$	4838	6029	4431	7156	3922	7750	3561	8739	2715	10254
$\alpha=15$	7257	9044	6646	10735	5883	11625	5342	13109	4073	15380
$\alpha=20$	9677	12059	8861	14313	7844	15500	7122	17479	5431	20507
$\alpha=25$	12096	15073	11077	17891	9805	19375	8903	21848	6789	25634
$\alpha=30$	14515	18088	13292	21469	11766	23251	10683	26218	8146	30761

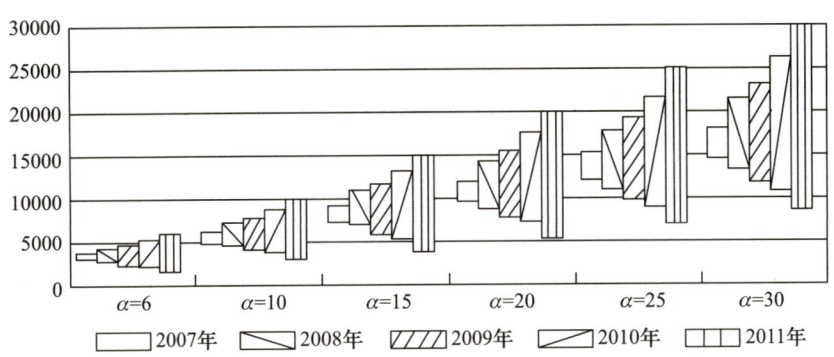

图 4-10　α 不同取值下商品房理性价格区间政策模拟

表 4-14、图 4-10 分别给出了 α 不同取值，居民收入既定下商品房理性价格区间。从绝对值角度分析，2009 年和 2010 年实际商品房价格分别为 13224.14 元、17150.14 元，均大于 α=30 时居民可承受商品房区间的下限值，说明即使以 30 年工作所得积蓄购房，仍存在部分中等收入居民既无资格申请保障性住房也无力购买商品房，成为夹心层群体；按此思路分析，在 2008 年时，实际商品房价格为 11472.71 元，这意味着只有当 α=30 时，不存在中等收入住房夹心层群体，而当 α=25 时居民可承受商品房区间的下限为 11076.8 元，低于实际商品房价格，说明此时开始出现夹心层群体；类似的，2007 年当 α=20 时，开始出现夹心层群体。通过绝对值角度的分析可以看出，2007～2011 年，相对居民收入水平而言商品房价格过高，中高收入居民购房压力巨大。

从相对值角度看，图 4-10 可以给出更直观的结论。首先，同一 α 取值下，可分析不同年份时居民可承受商品房价格区间的变化趋势。以 α=20 为例，5 年中居民可承受商品房价格区间上限值逐年增加，说明高收入群体收入的增长受生活消费性支出、物价上涨等因素影响较小，商品房购买能力逐步增强，而区间下限值逐年降低，说明中等收入居民购房能力在逐年下降，这是因为收入水平略高于限价房标准线的中等收入居民的生活消费性支出占其总收入的比重高于高收入群体，再加上物价上涨等因素共同抵消了名义可支配收入上涨的部分，也就是说，这部分中等收入群体的实际收入是逐年下降的。2007～2010 年居民可承受商品房价格区间的跨度逐步加大，这说明中高等居民收入差距逐步拉大。其次，在同一年份不同的 α 取值情况下，以 2009 年为例，α 取 6～30 不同值时，居民可承受商品房价格区间上限值和下限值均缓慢上升，且区间跨度增大，说明用更长时间的收入积蓄购房，居民的购房压力会得到缓解。

第四节 保障房体制下夹心层群体问题

在对收入既定下商品房理性价格区间的研究中发现，夹心层群体在北京市现行保障性住房制度下的确存在。这部分居民因收入水平高于限价房准入标准而被保障房体系排斥，又因收入水平有限没有购买商品房的能力，在假设保障房应保尽保的情况下，夹心层群体成为新的住房困难群体。

一、保障房体系与商品房市场间夹心层群体

表 4-13 计算结果表明，当以 30 年的收入购买商品房，即 $\alpha=30$，在收入既定下，2009~2011 年，实际商品房价格均高于商品房理性区间的下限值。这说明有部分居民因收入水平高于限价房准入标准而不被保障房体系所接纳，又因房价过高，购买能力有限而无力购买商品房。假设保障房制度已经实现了应保尽保，则这部分居民成为被保障房体系和商品房市场共同排斥在外的新的住房困难群体，即保障房体系与商品房市场的夹心层群体。下面根据表 4-13 的结果做引申计算，表 4-15 给出了在 $\alpha=30$ 时，2009~2011 年夹心层人数比例。

表 4-15　$\alpha=30$ 收入既定下保障房体系与商品房市场夹心层人数

年份	价格区间下限（元）	人数比例*	商品房价格（元）	人数比例**	夹心层人数比例	夹心层人数（人）
2009	11766	0.6259	13224	0.6629	0.0370	359603
2010	10683	0.5529	17151	0.7032	0.1503	1487219
2011	8146	0.4483	15516	0.6137	0.1654	1677231

因商品房理性价格区间的下限 P_{min} 是在 I_{min} 基础上算得，而 I_{min} 是限价商品房准入标准，因此商品房价格理性区间的下限 P_{min} 对应的居民人数比例就是限价商品房制度覆盖的居民人数比例，即表 4-15 中的人数比例*，实际上这一比例也是保障房制度覆盖的人口比例总数。2009~2011 年商品房价格对应的收入水平，按照式（4-1）计算出与商品房价格相对应的居民收入水平，此时算得的收入水平为人均可自由支配收入水平，所以还要加上家庭消费性支出后得到人均可支配收入，结合收入分布函数方法，计算出具备商品房购房能力的居民人数比例为人数比例**，两项做减法可以算得夹心层人数比例。2009 年为 3.7%，约为

35.96万人，2011年夹心层人数比例高达全市户籍人口的16.54%，约167.72万人。可见保障房体系与商品房市场间夹心层群体人数比较庞大。

此外，需要特别说明的是，上述计算是在假定 α=30 时取得的结果，当减小 α 取值时，相信这一夹心层群体人数还会更多。

二、保障房体系内夹心层群体

延续前面的研究思路，在保障房体系内，特别是"三房"之间是否也存在夹心层群体，使得这部分居民虽然身处保障房体系之中，但仍无法获得住房保障，解决住房困难和改善其住房条件。

保障房体系内的夹心层有两种可能：一种是收入水平略高于廉租房收入准入标准或其他标准略高于准入标准使得居民不能申请廉租住房，而依照他们的收入水平虽然符合条件购买经适房，但因收入水平有限没有购买经适房的能力，成为廉租房与经适房之间的夹心层群体；另一种是收入或其他标准略高于经适房的准入标准而不能申请到经适房，可收入水平又达不到购买限价房的水平，成为经适房与限价房之间的夹心层群体。如图4–11所示。

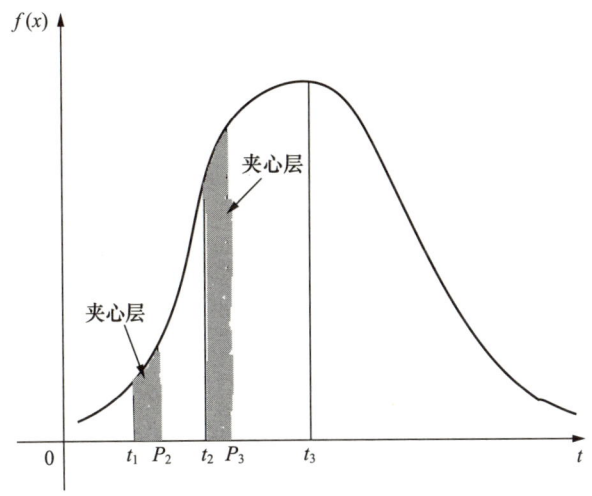

图4–11 保障房体系内夹心层群体示意图

不妨设 t_1、t_2、t_3 为廉租房、经适房、限价房的准入标准，P_2、P_3 为经适房和限价房的售价，则收入水平略高于 t_1，且又达不到 P_2 水平的居民就成为了廉租房与经适房之间的夹心层群体。同样的，收入略高于 t_2，但达不到 P_3 标准的居民，就成为了经适房与限价房之间的夹心层群体。

自2007年北京市保障性住房制度推行以来，经济环境的变化使得每年经适房与限价房的价格均有所调整,从同一时间看,因经适房和限价房所处位置不一样,也存在一定的价格差异。因未能获得准确的经适房与限价房的销售价格数据,因此,还未能像保障房体系与商品房市场夹心层群体一样计算出具体的人数比例结果。但两者计算思路相同,计算方法通用,一旦获得相应数据,即可对保障房体系内的两类夹心层群体人数进行测算。

第五节 本章小结

本章研究结论总结如下:

第一,通过对比1991~2011年北京市商品房价格和人均可支配收入的变动趋势,得到相对于居民收入,商品房价格过高、增速过快的结论。在北京市城镇5000户居民调查数据基础上,对居民住房产权和房屋样式结构进行了汇总对比分析。

第二,对保障房制度保障规模进行计算和预测。分别对廉租房、经适房和限价房按照现行制度准入标准,测算了对应的制度保障规模,即收入水平低于准入标准线的中低收入居民人口规模,并对"十二五"期间的保障房制度保障规模变动情况进行趋势预测。从实证结果看,因居民收入总体分布的变化,保障房制度保障规模逐年下降,保障房制度保障力度被逐步削弱;廉租房收入准入标准在2010年8月施行了较高水平的新标准,在短时间内提高廉租房制度覆盖的低收入住房困难家庭的数量效果显著,但因居民收入水平的变化,制度保障规模会逐年下降;因廉租房、经适房的准入标准线相对过低,使限价房的保障压力过大,即保障房"三房"比例不合理。

第三,计算保障房"三房"的供求缺口。根据保障房"三房"准入标准计算出的制度保障规模,即制度覆盖的居民人数,再除以平均家庭规模得出保障房需求总套数。根据保障房竣工面积做累加计算后,再除以"三房"建筑面积标准,可以得到保障房年供给总套数,两项做减法即得到保障房供求缺口总套数。结论为:廉租房和限价房供求缺口较大,经适房虽然也存在供求缺口,但情况稍好。

第四,根据实际的商品房售价和居民实际收入对保障房实际需求总量进行了实证分析。研究分两步:第一步是在房价既定下对保障房实际需求总量的测算,即结合房价收入配比公式,计算了以α年人均可支配收入积累购买商品房,在当前房价下仍无购房能力的居民人数,这部分居民需要政府提供住房保障;第二步是在居民收入既定下，假定保障房制度已经对中低收入住房困难家庭做到"应保尽保"后，计算了在保障体制外需要通过在购买商品房时满足住房需求的居民可以承受的商品房价格区间，即商品房理性价格区间。基本结论为，中高收入居民购买商品房压力巨大，中等偏下收入居民的购房能力在逐步减弱、最高收入组居民的购房能力在增强，即中高收入居民可以承受的商品房价格区间跨度逐年拉大，这将导致大量夹心层居民群体的出现。

第五，计算 2009 年、2010 年、2011 年保障房和商品房市场间夹心层群体的人数，提出了保障房体系内夹心层群体的问题。

第五章 北京市保障性住房资金问题研究

资金问题是关系制度贯彻执行效果的关键因素。为了配合北京市保障房制度的贯彻实施，2007年起先后出台的《北京市关于落实城镇廉租住房保障资金实施意见的通知》（京财经二 [2006] 3070号），《关于印发北京市廉租住房资金管理实施办法的通知》等文件，使保障房资金供给以政策法规形式被确定下来，从制度上保证保障房资金筹集和管理的合理性、有序性。

保障房资金问题可以分成两个方面：一是保障房的资金需求问题。根据前文的研究思路，保障房在一定的准入标准和一定的保障规模下，保障房资金需求量即为中低收入住房困难家庭提供住房保障所需的资金投入量。二是保障房的资金供给问题。根据保障房制度规定，现阶段保障房的建设、运营资金来源主要是通过政府财政预算、住房公积金增值收益、土地出让金的收益等为主要渠道。

保障房资金供求问题是个复杂的问题。首先，多层次供给结构的保障房制度决定了资金供求问题的复杂性。保障房"三房"由于在保障对象、配售方式、房源筹集等方面的差异决定了"三房"资金需求量和资金供给方式上是有差异的。例如，廉租房的保障方式有租赁补贴和实物配租的形式。租赁补贴是申请人通过住房租赁市场按市场一般租金水平获得租住房屋，住房保障部门根据廉租房租赁补贴标准给予申请人一定的租金补贴用以减少其租房负担，此时并不需要向申请人提供实体住房。实物配租形式则是政府需要通过新建或是收购的形式先期持有一定数量的廉租房，然后收取较低的租金出租给符合廉租房准入标准的低收入居民。因此，这两种保障方式政府需要投入的资金量不一样。其次，由于经济环境的变化决定了保障房资金供求总量指标的变化，在测算资金总量时要充分考虑到时间和经济水平发展的影响作用。

本章首先对北京市保障性住房资金供求现状简要阐述，提出保障房资金需求测算模型，分析保障房资金供给的渠道方式。为了拓宽资金供给渠道，应广泛吸收社会资本参与保障房建设。其次，对社会资本参与保障房建设的可行性进行博弈分析。

保障房资金供求总量与保障房保障规模密切相关。第三章把保障规模分为两种，即制度保障规模和保障房实际需求总量，本章将按照制度保障规模计算资金供求总量。

第一节 保障性住房资金供求现状分析

2007年以来，伴随北京市保障房制度的全面推行，一系列的资金保障方案相继出台，目的是在资金供应上明确来源方式、权责关系，确保保障房制度的贯彻落实。《北京市"十二五"住房保障规划》中资金规模和渠道来源等方面提出，进一步完善政府财政投入机制，市、区县政府编制住房保障专项预算和年度预算，预算中优先安排住房保障资金，结合年度保障形式、融资计划、资本金比例等方面调整政府财政投入计划。按照国家相关政策规定，住房公积金增值收益在提取贷款风险准备金和管理费用后，全部用于保障住房建设；确保土地出让收益用于保障性住房建设和棚户区改造的比例不低于10%。

2011年6月，北京市保障性住房建设投资中心成立，是目前国内规模最大的保障性住房建设投资企业，承担着北京市保障性住房投融资、建设收购和运营管理的基本使命。中心注册资本金100亿元，是北京市一次性注资最大的国有企业。"十二五"时期，北京将建设收购各类保障性住房100万套，其中公租房30万套，将最终实现住房保障方式由"以售为主"向"租售并举"、"以租为主"转变，努力实现中低收入住房困难家庭住有所居。成立市投资中心是北京市加强保障性住房投融资、建设收购和公租房运营管理的重大举措。依托北京市保障性住房建设投资中心，发挥财政资金投入放大效应，破解保障性住房建设、运营融资瓶颈。

除了设立保障房建设投资中心等方式给予保障房投融资、建设收购、运营管理的资金供给以组织保障，北京市保障房建设还在积极争取其他金融管理部门和金融机构政策支持，在贷款条件、贷款利率和贷款期限上为保障性住房特别是公共租赁住房项目提供更加优惠的贷款政策。同时，鼓励和引导社保资金、保险资金等长期资金以及社会资本，参与保障性住房建设也是今后相关政府部门工作的重点。支持金融产品创新，探索利用发行中长期债券、房地产投资信托基金等金融工具支持保障性住房建设和运营。

第二节 保障房资金需求模型构建与测算

北京市保障性住房分为廉租住房、经济适用住房、限价商品住房、公共租赁住房、定向安置房、危旧房和棚户区改造等类型，本章以"三房"为研究对象，构建"三房"资金需求模型。

不妨设居民收入密度函数为 $f(t)$，t 为收入水平，其中 t_1、t_2、t_3 分别为廉租房、经适房和限价房的准入标准，记廉租房、经适房、限价房制度覆盖的人口比例分别为 $P_1(t)$、$P_2(t)$、$P_3(t)$，$F(t)$ 为保障房总体制度保障规模的分布函数，则：

$$F(t) = \begin{cases} \int_0^{t_1} f(t)\,dt, & 0 < t \leq t_1 \\ \int_0^{t_2} f(t)\,dt - \int_0^{t_1} f(t)\,dt, & t_1 < t \leq t_2 \\ \int_0^{t_3} f(t)\,dt - \int_0^{t_2} f(t)\,dt, & t_2 < t \leq t_3 \\ 1, & t > t_3 \end{cases} \quad (5-1)$$

即：

$$P_1(t) = \int_0^{t_1} f(t)\,dt$$

$$P_2(t) = \int_0^{t_2} f(t)\,dt - \int_0^{t_1} f(t)\,dt$$

$$P_3(t) = \int_0^{t_3} f(t)\,dt - \int_0^{t_2} f(t)\,dt$$

由式（5-1），设全市城镇户籍非农人口为 Q，保障房总制度保障规模为 U，且廉租房、经适房、限价房保障规模为 U_1、U_2、U_3，则有：

$$U(t) = QF(t) \quad (5-2)$$

即：

$$U_1(t) = QP_1(t)$$
$$U_2(t) = QP_2(t)$$
$$U_3(t) = QP_3(t)$$

设 α_1、α_2、α_3 为廉租房、经适房、限价房年人均成本，D 为保障房资金需求总量，D_1、D_2、D_3 为廉租房、经适房、限价房资金需求量，则：

$$D(t) = \begin{cases} \alpha_1 QF(t_1), & 0 < t \leq t_1 \\ \alpha_2 Q(F(t_2) - F(t_1)), & t_1 < t \leq t_2 \\ \alpha_3 Q(F(t_3) - F(t_2)), & t_2 < t \leq t_3 \\ 0, & t > t_3 \end{cases} \quad (5-3)$$

且：

$$D(t) = D_1(t) + D_2(t) + D_3(t) \quad (5-4)$$

下面研究求解 D_1、D_2、D_3 的方法。

一、廉租房资金需求量测算

北京市廉租房的供应模式有租赁补贴和实物配租两种，两种方式的资金需求量不同。租赁补贴是由廉租房家庭在房屋租赁市场或租赁公租房后，由住房保障部门根据低收入家庭的人数、月收入等具体情况，根据廉租房月租赁补贴标准给予货币补贴，用于减少低收入家庭的租房成本。实物配租则是住房保障部门通过新建或收购形式先期获得一定的住房存量，由低收入家庭提出申请，符合条件的可以获得比市场同类住房租金更低廉的廉租住房。由于保障模式、房源筹集方式的不同，决定了两种配租方式的成本差异。下面分别讨论租赁补贴式廉租房和实物配租式廉租房的资金需求问题。

廉租房两种保障方式不同决定了计算资金需求量所选方法也不同，租赁补贴式廉租房的资金投入主要是租金补贴，可计算出人均补贴数额。实物配租式廉租房资金主要投入在新建住房和收购住房方面，并且承租家庭每月缴纳的租金需在资金投入总量中扣除。

按照这一思路，不妨设租赁补贴式廉租房资金需求量为 D_{11}，占廉租房保障规模人数比例为 r_{11}，年人均补贴数额为 α_{11}；实物配租式廉租房资金需求量为 D_{12}，占廉租房保障规模人数比例为 r_{12}，年人均缴纳租金数额为 α_{12}，廉租房需求总面积为 V_{12}，住宅建造单位成本为 c_{12}，则有：

$$D_1(t) = D_{11}(t) + D_{12}(t) = \alpha_{11} r_{11} U_1(t) + c_{12} r_{12} V_{12} - \alpha_{12} r_{12} U_1(t) \quad (5-5)$$

即：

$$D_{11}(t) = \alpha_{11} r_{11} U_1(t) \quad (5-6)$$

$$D_{12}(t) = c_{12} r_{12} V_{12} - \alpha_{12} r_{12} U_1(t) \quad (5-7)$$

式中，r_{11} 和 r_{12} 是政策导向变量，也就是说与廉租房配租方式的政策导向有关，且 $0 < r_{11} + r_{12} \leq 1$。2007 年廉租房的配租方式主要以租赁补贴形式为主，实物住房主要配租给家庭成员中有 60 周岁以上（含 60 周岁）老人、严重残疾人员、患有大病

人员的家庭和承租危房及面临拆迁的家庭。2010年，政府加大对廉租房建设的投入，为进一步提升低收入家庭的住房保障水平，对配租实物住房的政策予以放宽。按照上述政策变化，2007年开始，应该有 $r_{11} > r_{12}$，2010年以后，r_{12} 较 r_{11} 比例会有所提高。

（一）租赁补贴式廉租房资金需求量模型

北京市廉租房保障制度中把低保家庭作为重点保障对象。在廉租房租赁补贴发放中，低保家庭月补贴数额的计算方法为：

低保家庭月租房补贴数额 = 每平方米月补贴额 × (人均住房保障面积标准 − 人均现住房使用面积) × 配租家庭人口

其他低收入家庭租房补贴数额 = 每平方米月补贴额 × (人均住房保障面积标准 − 人均现住房使用面积) × 配租家庭人口 − (家庭人均月收入 − 北京市城市低保标准) × 配租家庭人口

设每平方米月补贴额为 m，现行补贴标准为40元/平方米，人均住房使用面积为 S 平方米，城市人均低保标准2011年由原来的430元/月调整为480元/月，这里表示为 d，廉租房准入标准为 t_1，则有：

$$\alpha_{11}(t,S) = \begin{cases} 12m(7.5-S), & 0 < t/12 \leq d \\ 12[m(7.5-S) - (t/12-d)], & d < t/12 \leq t_1/12 \end{cases} \tag{5-8}$$

式中，$0 < S < 7.5$，$0 < t \leq t_1$，2011年以前 $d = 430$，2011年（含）后 $d = 480$。

根据2008年6月公布的《关于调整北京市廉租房租房补贴有关问题的通知》（京建住 [2007] 1213号）文件，规定了城区廉租家庭月租房补贴最低限额调整为550元，月租房补贴最高限额为1500元。按照《北京市统计年鉴》2008年家庭平均规模2.8人计算，α_{11} 可写成：

$$\alpha_{11}(t,S) = \begin{cases} 6600, & 0 < S \leq 2.6,\ 0 < t/12 \leq d \\ 12m(7.5-S), & 2.6 < S < 7.5,\ 0 < t/12 \leq d \\ 6600, & 480S + t \geq 6408,\ d \leq t/12 \leq t_1/12 \\ 12[m(7.5-S) - (t/12-d)], & 2328 < 480S + t \leq 6408,\ d \leq t/12 \leq t_1/12 \\ 18000, & 0 < 480S + t \leq 2328,\ d \leq t/12 \leq t_1/12 \end{cases}$$

$$\tag{5-9}$$

式中，$0 < S < 7.5$，$0 < t \leq t_1$，2011年以前 $d = 430$，2011年（含）后 $d = 480$。

将式（5-9）代入式（5-6），得：

$$D_{11}(t) = \alpha_{11} r_{11} U_1(t) \tag{5-10}$$

式中，$\alpha_{11}(t, S) = \begin{cases} 6600, & 0 < S \leq 2.6, \ 0 < t/12 \leq d \\ 12m(7.5-S), & 2.6 < S < 7.5, \ 0 < t/12 \leq d \\ 6600, & 480S + t \geq 6408, \ d \leq t/12 \leq t_1/12 \\ 12[m(7.5-S)-(t/12-d)], & 2328 < 480S + t \leq 6408, \ d \leq t/12 \leq t_1/12 \\ 18000, & 0 < 480S + t \leq 2328, \ d \leq t/12 \leq t_1/12 \end{cases}$

$0 < S < 7.5$，$0 < t \leq t_1$，2011 年以前 $d = 430$，2011 年（含）后 $d = 480$。

因此，租赁补贴式廉租房年资金需求量 D_{11} 可求得。

（二）实物配租式廉租房资金需求量模型

北京市实物配租式廉租房的房源筹集方式主要为新建和收购，所以实物配租式廉租房主要的资金需求应为廉租房建设和收购方面的投入。新建廉租房目前以在普通商品房项目中按照一定比例配建形式为主，而收购则是以收购公房、私人产权二手房为主。因廉租房建设具有社会福利保障属性，政府一般给予参与建设的组织机构以各种优惠政策，包括行政划拨土地、免去行政事业性收费等，所以在本书的研究中，考虑到住房建设、收购的成本里，房屋建造成本应是建设总投入和收购价格的主体，将按照实物配租式廉租房的总建造成本为近似值计算资金需求量。当然，实际的资金需求量除了建造成本外还包括其他很多投入，在此，本书旨在提出一套计算方法，而后根据对实际问题认识的逐步深化，在此方法基础上经调整后再进行深入测算。

实物配租式廉租房资金需求量的计算方法与租赁补贴式有所差别。租赁补贴标准是按低收入家庭人均指标设定的，所以可以通过年人均成本 α_{11} 与总人数 $r_{11}U_1$ 的乘积计算资金需求量。实物配租式廉租房是"套"的概念，而非人均的概念。也就是说，实物配租式廉租房的配租方案中，主要按照低收入家庭人数以及家庭成员之间的关系来分配住房，如表 5-1 所示。

表 5-1 北京市廉租房实物配租保障标准

家庭人口	家庭构成	配租居室
1 人	单身（未婚、离异、丧偶）	单间平房
2 人	夫妻、同性单亲家庭	一居室
	异性单亲家庭（子女年满 10 周岁）	
3 人	夫妻及子女或夫妻一方父母	二居室或两间平房
	祖孙三代	
4 人	两对夫妻、夫妻及两单身同性子女	三居室
	夫妻及两单身异性子女（年满 10 周岁）	
	夫妻、子女及夫妻一方父母	
5 人以上	三居室或根据家庭人口、性别、年龄结构确定配租住房	

资料来源：引自《北京市城市廉租房申请、审核及配租办法》。

从表 5-1 可见，根据申请廉租房家庭人数和家庭构成决定配租的户型，而家庭构成决定了人数跟配租户型并不是一一对应的，家庭成员为 2 人时可以配租一居室或二居室，而家庭成员为 4 人时，可能配租二居室或三居室。而新建廉租房的建筑标准按政策要求控制在 50 平方米以下，因此一套 50 平方米的廉租房有可能提供给 1 人家庭、2 人家庭或 3 人家庭，而 50 平方米的住房建造成本是固定值，所以此时分摊的人均廉租房建造成本是不同的。所以在计算实物配租式廉租房资金需求量时不能采用计算人均成本乘以保障规模的方法。

因对廉租房的建筑面积有明确规定，即单套建筑面积小于 50 平方米，可以考虑把实物配租的人数，即 $r_{12}U_1$，换算成套数 N_{12}，再根据每套最大 50 平方米的建筑面积计算出需求总面积 V_{12}，再乘以住宅建造单位成本 c_{12}①，即可计算出实物配租式廉租房建设和收购资金需求量，则有：

$$V_{12}(t) = 50 N_{12}(t) \tag{5-11}$$

到这里，问题变成了如何把实物配租式廉租房的制度保障规模人数，即 $r_{12}U_1$，转换为套数 N_{12}。在《北京市统计年鉴》中可以找到本市城镇家庭规模的统计数据，如表 5-2 所示。

表 5-2　2007~2011 年北京市城镇居民家庭规模　　　　　　单位:%

年份	1 人户	2 人户	3 人户	4 人户	5 人及以上
2007	15.80	32.30	36.70	9.40	5.80
2008	16.82	33.29	35.97	9.09	4.82
2009	18.61	31.13	33.52	10.00	6.80
2010	25.70	30.40	29.50	8.60	5.80
2011	23.20	30.50	30.80	9.10	6.40

因此不妨设 1~5 人户家庭比例为分别为 γ_1、γ_2、γ_3、γ_4、γ_5，则：

$$N_{12}(t) = r_{12}(\gamma_1 + \gamma_2/2 + \gamma_3/3 + \gamma_4/4 + \gamma_5/5) U_1(t) \tag{5-12}$$

将式（5-12）代入式（5-11），则：

$$V_{12}(t) = 50 r_{12}(\gamma_1 + \gamma_2/2 + \gamma_3/3 + \gamma_4/4 + \gamma_5/5) U_1(t) \tag{5-13}$$

实物配租式廉租房的承租家庭需要按月支付租金。承租家庭实缴月租金计算公式如下：

---

① 住宅建造单位成本 c_{12}，按照居民住宅设计规范和建筑质量标准，包括规划设计、建筑材料、人工等费用在内，并考虑到生产资料及劳动力市场价格因素综合决定。可在相关政策文件和文献中得到数值，不作为本书研究内容。

家庭实缴月租金 = 月租金标准 × 配租房屋建筑面积 × (1 − 补贴系数) + (家庭人均月收入 − 低保收入线) × 负担系数 × 标准配租人口

实物配租式廉租房年人均缴纳租金为 α_{12}，设月租金标准为 n，配租房屋建筑面积按照最大标准 50 平方米计算，按照政策规定的补贴系数为 0.95，负担系数为 0.1，家庭人均月收入为 $t/12$，低保收入线记为 d，则：

$$\alpha_{12} = 12[50n(1-0.95) + 0.1(t/12-d)]$$

整理得到：

$$\alpha_{12} = 30n + 0.1t - 1.2d \tag{5-14}$$

将式（5-14）、式（5-13）代入式（5-7），得到：

$$D_{12}(t) = 50c_{12}r_{12}(\gamma_1 + \gamma_2/2 + \gamma_3/3 + \gamma_4/4 + \gamma_5/5)U_1(t) - r_{12}(30n + 0.1t - 1.2d)U_1(t) \tag{5-15}$$

到此，可将式（5-10）、式（5-15）代入式（5-5），得到廉租房资金需求总量模型式（5-16）：

$$D_1(t, S) = \alpha_{11}(t, S)r_{11}U_1(t) + 50c_{12}r_{12}(\gamma_1 + \gamma_2/2 + \gamma_3/3 + \gamma_4/4 + \gamma_5/5)U_1(t) - r_{12}(30n + 0.1t - 1.2d)U_1(t) \tag{5-16}$$

式中，$\alpha_{11}(t, S) = \begin{cases} 6600, & 0 < S \leq 2.6, \ 0 < t/12 \leq d \\ 12m(7.5-S), & 2.6 < S < 7.5, \ 0 < t/12 \leq d \\ 6600, & 480S + t \geq 6408, \ d < t/12 \leq t_1/12 \\ 12[m(7.5-S) - (t/12-d)], & 2328 < 480S + t \leq 6408, \ d \leq t/12 \leq t_1/12 \\ 18000, & 0 < 480S + t \leq 2328, \ d \leq t/12 \leq t_1/12 \end{cases}$

且 $0 < t \leq t_1$，$0 < S \leq 7.5$，$0 < r_{11} + r_{12} \leq 1$，$0 < \gamma_1 < 1$，$0 < \gamma_2 < 1$，$0 < \gamma_3 < 1$，$0 < \gamma_4 < 1$，$0 < \gamma_5 < 1$，$\gamma_1 + \gamma_2 + \gamma_3 + \gamma_4 + \gamma_5 = 1$。

（三）模拟测算

基于居民收入分布函数方法，给出居民收入 $t \in (0, t_1)$ 取值的条件分布概率，即给定上限为 t_1，下限为 0，条件分布：

$$F(t | X \leq t_1) = P(X \leq t | 0 \leq X \leq t_1) = \frac{P(X \leq t, X \leq t_1)}{P(0 \leq X \leq t_1)} = \frac{F(t)}{F(t_1) - F(0)} \tag{5-17}$$

由式（5-17）生成居民收入 t 的随机数，且 $0 < t \leq t_1$，随机数的个数为廉租房制度保障规模的人数，如表 5-3 所示。

目的是为提出的测算方法提供一个算例，可对模型中的指标变量做如下设定：人均住房使用面积 S，$0 < S \leq 7.5$，为了简化计算，S 取平均值为 $(0+7.5)/2 = 3.75$，则此时可计算出人均租赁补贴 $\alpha_{11} = 550 \div 2.8 \times 12 = 2352$（元），其中 550 元为家庭租赁补贴月最低标准，2.8 为平均家庭规模。r_{11}、r_{12} 为租赁补贴式

表 5 – 3　基于生成随机数方法 2009 ~ 2011 年廉租房承租人收入水平模拟

年份	准入标准（元）	保障人数（人）	随机数个数
2009	6960	69977	69977
2010	6960	39184	39184
2011	11520	252132	252132

廉租房和实物配租房廉租房的比例系数，且 $r_{11} + r_{12} = 1$，r_{11}、r_{12} 数值的大小说明政府对廉租房两种补贴模式的政策导向，这里不妨取 $r_{11} = r_{12} = 0.5$。c_{12} 为廉租房建筑单位成本，根据住建部、北京市住建委网站相关资料统计，此处统一取值 3000 元/平方米。n 为实物配租式廉租房月租金标准，北京城六区因廉租房所处地段差异标准不同，这里参照租赁补贴式廉租房保障标准设定为人均 40 元/月。d 为低保标准，2011 年以前为 430 元/月，2011 年调整为 480 元/月。

则式（5 – 16）可写成：

$$D_1(t,S) = \alpha_{11}(t,S)r_{11}U_1(t) + 50c_{12}r_{12}(\gamma_1 + \gamma_2/2 + \gamma_3/3 + \gamma_4/4 + \gamma_5/5)U_1(t) - r_{12}U_1(t)\sum_{0}^{t_1}(30n + 0.1t - 1.2d) \quad (5-18)$$

由式（5 – 18）可得 2009 ~ 2011 年北京市廉租房资金需求量，见表 5 – 4。

表 5 – 4　2009 ~ 2011 年北京市廉租房资金需求量

年份	准入标准（元）	保障人数（人）	资金需求量（亿元）
2009	6960	69977	26.592
2010	6960	39184	16.309
2011	11520	252132	101.683

可见，根据初步估算，廉租房资金需求在 2009 年为 26.592 亿元，2010 年因保障人数下降，资金需求量随之下降到 16.309 亿元。2011 年执行新准入标准 11520 元，保障规模人数增加到 252132 人，资金需求量增加到 101.683 亿元。对于此次准入标准调整后资金需求量的激增，相关政府部门应采取积极的应对和保障措施。

二、经济适用房资金需求量测算

北京市经济适用房房源主要采取集中建设和商品住房项目配建方式筹集，也可采取在市场上收购二手房、单位集资合作建设或社会机构投资建设等方式筹集。采取集中建设方式的，项目用地由市、区县土地储备机构提供，由市、区县政府组织公开招标，确定项目法人或代建单位。采取配建方式的，由市规划委、市国土局等部门在区域适宜的商品住房建设项目中，确定经济适用住房的建设比例。经济适用住房开发建设用地以行政划拨方式供应，免收建设和经营中的行政事业性收费，小区外基础设施建设费用由政府负担。经济适用住房项目需保持合理的开发规模，对于新建经适房户型设计控制为中小户型，单套住房建筑面积在60平方米以下。收购二手房、单位集资合作建设的房屋或社会机构投资建设的房屋作为经济适用住房的，要按小户型、满足基本住房需求、节能省地的原则收购。经济适用住房销售价格由项目开发成本、税金、利润组成，通过竞价或政府审核方式确定或调整。对经适房的户型配售方案为，对无房家庭原则上2人及以下配售一居室，3人户最大配售二居室，4人及以上户配售三居室。经适房配售面积标准为人均15平方米。

根据对北京市经适房房源筹集方式和配售方案相关政策的解读，经适房租金需求量计算方法与实物配租式廉租房的计算方法类似。因经适房房源主要以新建和收购二手房为主，且政府给予经适房行政划拨方式供地，免收建设和经营中的行政事业性费用等优惠，因此，经适房的资金需求主要在于住房新建和收购费用方面。在配售方面，主要以家庭人数和成员关系构成决定配售的户型。因此，经适房资金需求量计算思路为，首先，经适房制度保障规模人数按照城镇居民家庭规模比例换算成经适房总套数；其次根据经适房上限建筑标准，即60平方米，计算需求总面积，后与住房建造单位成本相乘可得资金需求总量。

(一) 测算模型

不妨设经适房制度保障规模为 U_2，住房总需求套数为 N_2，γ_1、γ_2、γ_3、γ_4、γ_5 为1~5人户家庭比例，$0<\gamma_1<1$，$0<\gamma_2<1$，$0<\gamma_3<1$，$0<\gamma_4<1$，$0<\gamma_5<1$，$\gamma_1+\gamma_2+\gamma_3+\gamma_4+\gamma_5=1$，$t$ 为居民人均家庭收入，且 $t_1<t\leq t_2$，则：

$$N_2(t)=(\gamma_1+\gamma_2/2+\gamma_3/3+\gamma_4/4+\gamma_5/5)U_2(t) \tag{5-19}$$

经适房总面积为 V_2，每套住房按照建筑面积最高标准60平方米计算，则：

$$V_2(t)=60N_2(t) \tag{5-20}$$

经适房资金需求量为 D_2，经适房建筑单位成本为 c_2，则有：

$$D_2(t)=c_2V_2(t) \tag{5-21}$$

将式 (5-19)、式 (5-20) 依次代入式 (5-21)，则经适房资金需求量公式可写成：

$$D_2(t)=60c_2(\gamma_1+\gamma_2/2+\gamma_3/3+\gamma_4/4+\gamma_5/5)U_2(t),\ t_1<t\leq t_2 \tag{5-22}$$

(二) 模拟测算

由式 (5-22)，$c_2$①、γ_1、γ_2、γ_3、γ_4、γ_5 为已知经验值和年鉴数值，经适房资金需求量主要与制度保障规模 U_2 有关，前文已经给出了 U_2 的计算方法和数值，则 2007~2011 年北京市经济适用房资金需求量计算结果如表 5-5 所示。

表 5-5　2007~2011 年北京市经济适用房资金需求量

年份	准入标准（元）	人口比例	人数（人）	总套数（套）	资金需求量（亿元）
2007	14480	0.14999	1393407	664562.25	1196.21
2008	14480	0.12956	1231727	599746.35	1079.54
2009	14480	0.08689	844484	415556.50	748.01
2010	14480	0.05769	570843	308502.59	555.3
2011	14480	0.02884	292380	152831.90	275.01

表 5-5 中，2007~2011 年资金需求总量在逐年减少，原因可归结为：由于经适房准入标准未变，居民收入分布的变化使经适房制度保障规模在逐年减少，使得经适房资金需求也随之下降，由 2007 年的 1196.21 亿元下降到 2011 年的 275.01 亿元；另外，经适房建筑单位成本本文取定为 3000 元/平方米，随着经济环境的变化，生产资料市场价格近年来逐步上涨，因此表 5-5 中计算结果数值偏低。

三、限价商品房资金需求量测算

北京市限价商品房来源以新建为主。市建设、国土资源部门会同市有关部门根据本市限价商品住房需求，组织编制年度建设计划，经市政府批准后组织实施。限价商品住房建设用地在年度土地利用计划及土地供应计划中优先安排。限价商品住房项目应尽可能选择在交通相对便利、市政基础设施较为完善的区域进行建设，方便居住和出行。限价商品住房建设应遵循节约集约用地的原则。建设按照国家和本市有关技术规范和标准，优化规划设计方案，采用成熟适用的新技术、新工艺、新材料和新设备，提高建设水平。限价商品住房套型建筑面积以 90 平方米以下为主。其中，一居室控制在 60 平方米以下；二居室控制在 75 平方米以下。限价房根据家庭人数和成员构成对配售户型规定为：2 人及以下配售一套一居室，子女满 10 岁异性单亲家庭配售二居室，3 人户配售三居室，4 人及以

---

① c_2 为经适房建筑单位成本，根据住建部、北京市住建委网站相关资料统计，此处统一取值 3000 元/平方米。

上家庭配售三居室。

根据经适房制度上述规定，限价房资金需求量的测算方法与经适房类似。因房源主要是新建住房，且在住房建设用地、行政事业性收费、政府管理基金等方面的一系列减免优惠，在计算资金需求量时，主要考虑住房建造成本。计算思路基本为：根据限价房制度保障规模人数，按照城镇居民家庭规模比例折算成限价房需求套数，而后计算需求总面积，再与住房建造单位成本相乘，即可得出限价房资金需求总量。

(一) 测算模型

不妨设限价房制度保障规模为 U_3，住房总需求套数为 N_3，与经适房不同，限价房针对家庭人数配售的住房户型有明确规定，2 人及以下家庭配售一居室，建筑面积 60 平方米以下，这里把一居室套数记为 N_{31}，3 人户配售二居室①，住房建筑面积控制在 75 平方米以下，把二居室套数记为 N_{32}，4 人户配租三居室，建筑面积为 90 平方米以下，把三居室套数记为 N_{33}，即 $N_3 = N_{31} + N_{32} + N_{33}$。$\gamma_1$、$\gamma_2$、$\gamma_3$、$\gamma_4$、$\gamma_5$ 为 1~5 人户家庭比例，$0 < \gamma_1 < 1$，$0 < \gamma_2 < 1$，$0 < \gamma_3 < 1$，$0 < \gamma_4 < 1$，$0 < \gamma_5 < 1$，$\gamma_1 + \gamma_2 + \gamma_3 + \gamma_4 + \gamma_5 = 1$，$t$ 为居民人均家庭收入，且 $t_2 < t \leq t_3$，则：

$$N_{31}(t) = (\gamma_1 + \gamma_2/2) U_3(t) \quad (5-23)$$

$$N_{32}(t) = \gamma_3 U_3(t)/3 \quad (5-24)$$

$$N_{33}(t) = (\gamma_4/4 + \gamma_5/5) U_3(t) \quad (5-25)$$

限价房总面积为 V_3，则有：

$$V_3(t) = 60 N_{31}(t) + 75 N_{32}(t) + 90 N_{33}(t) \quad (5-26)$$

限价房资金需求量为 D_3，建造单位成本为 c_3，则有：

$$D_3(t) = c_3 V_3(t) \quad (5-27)$$

把式 (5-23)、式 (5-24)、式 (5-25)、式 (5-26) 依次代入式 (5-27)，则限价房资金需求量公式可写成：

$$D_3(t) = c_3(60\gamma_1 + 30\gamma_2 + 25\gamma_3 + 22.5\gamma_4 + 18\gamma_5) U_3(t), \quad t_2 < t \leq t_3 \quad (5-28)$$

(二) 模拟测算

由式 (5-28)，$c_3$②、γ_1、γ_2、γ_3、γ_4、γ_5 为已知经验值和年鉴数值，且前文已经给出了 U_3 的计算方法和数值，则 2007~2011 年北京市限价商品房资金需求量计算结果如表 5-6 所示。

---

① 京建住 [2008] 223 号文件规定，子女满 10 岁异性单亲家庭配售二居室，因此类家庭没有准确统计数据，本文按照 2 人户家庭计算。

② 同 c_2。

保障性住房制度与中低收入家庭安居问题的数量分析：以北京市为例

表5-6 2007~2011年北京市限价商品房资金需求量

年份	准入标准（元）	人数（人）	一居室（套）	二居室（套）	三居室（套）	资金需求量（千亿元）
2007	29142	4912831	156.96	18030.09	17.24	40.90
2008	29142	4311139	144.27	15507.17	13.95	35.18
2009	29142	3992468	136.44	13382.75	15.41	30.40
2010	29142	3644922	149.08	10752.52	12.06	24.50
2011	29142	3035114	116.7	9348.15	10.79	21.27

表5-6给出了2007~2011年按照现行限价房准入标准计算的制度保障规模、人数和资金需求量，从表中可以看出：首先，限价房资金需求量与经适房相比数额巨大，这是由限价房准入标准与居民总体收入分布共同决定的。其次，从总趋势看，由于居民收入分布的变化，使得限价房制度覆盖人口数量逐年下降，建设资金需求量也由2007年的4.09千亿元下降到2011年的2.127千亿元，但这仍是一笔巨大的资金需求。最后，表5-6给出了按照限价房制度标准计算的一居室、二居室、三居室的数量，可以看出，建筑面积在75平方米以下的二居室为主要需求户型，在未来限价房的建设中可做参考。

第三节 保障房资金供给研究

保障性住房因其具有社会福利属性决定了资金供给主要由政府提供或政府给予渠道和政策性的保证。北京市保障房"三房"制度制定中，对资金供给的方式、渠道、标准和责任部门等均做出了明确的规定。此外，结合北京市保障房制度保障规模大、任务重的特点，为了减轻政府的财政压力，并能确保充足资金量保证保障房建设的速度和质量，政府还制定一系列税费优惠减免政策，吸引民间资本投入到保障性住房建设中。

在北京市保障房制度中，廉租房是提供租赁补贴和实物配租的形式为低收入家庭提供住房保障，而在廉租房运营管理中，承租人只需缴纳低廉的租金，这使得廉租房前期建设投入的大量资金不能短时间收回，所以廉租房建设投入资金需要政府财政或政府主导下的资金供给予以保证。与廉租房略有不同，经适房和限价房前期投入的建设资金可以通过销售收回成本，本着保本微利的销售原则，所以政府资金供给压力相对较小。

下面对北京市保障房"三房"资金供给渠道进行具体阐述。

一、廉租房资金供给

落实城镇廉租住房保障资金是做好城镇廉租住房保障工作的基础和前提条件之一，为使这项扶助社会弱势群体的惠民政策真正落到实处，使保障房体系有效运营，2008年6月市财政局、市建委印发《北京市关于落实城镇廉租房保障资金实施意见的通知》，该通知中明确规定了廉租房资金的渠道来源和分担比例等问题。

廉租房资金以政府财政预算、政府公积金增值收益、土地出让金净收益和社会多渠道资金供给为主要渠道来源。

第一，年度财务预算中，市级财政在对区、县财政安排一般性转移支付时应考虑城镇廉租住房标准支出因素，加大对城镇廉租住房保障资金的支持力度。同时，区、县财政每年在安排预算时，应根据本地区城镇最低收入家庭住房需求状况及财政承受能力，安排一定资金用于保障城镇廉租住房制度建设。

第二，住房公积金增值收益方面，要求将住房公积金增值收益扣除计提住房公积金贷款风险准备金、管理费等费用后的余额用于城镇廉租住房保障补充资金，任何部门、单位和个人都不得截留、挤占和挪作他用。

第三，从土地出让金净收益中安排一定资金用于城镇廉租住房建设。市财政应每年从土地出让净收益中提取用于城镇廉租住房建设的资金，按照当年实际收取的土地出让净收益扣除计提用于农业土地开发的资金以及土地处置出让业务费余额后的3%~5%核定。市财政每年从土地出让净收益中提取用于城镇廉租住房建设资金，结余资金可结转以后年度继续使用。城六区城镇廉租住房建设资金由市、区县两级政府按8:2比例分担，远郊区、县城镇廉租住房建设资金由市、区县两级政府按7:3比例分担。市财政按工程进度及配套资金到位比例将资金拨付到各区县财政部门。实物廉租住房日常管理经费由房屋所在地区县政府负担。

第四，相关政府部门还鼓励社会多渠道筹集用于城镇廉租住房保障资金。通过广泛宣传和舆论引导，鼓励企业、个人等非政府组织，利用富余资金和住房捐赠用于本市城镇廉租住房。

二、经适房和限价房资金供给

目前，北京市经适房和限价房多采取与普通商品房按一定比例配建的方式开展。购房者可以获得住房的有限产权，在居住满5年后，可以按照市场价格按一定比例补交土地收益溢价后方可出售。在销售价格方面，制度规定经适房由成本、税金和利润三部分组成，限价房的定价是成本加合理利润，但两者的售价实际上都比同等商品房售价低很多，从而体现出福利保障的基本属性。

其实，政府对经适房和限价房的支持并不是采取财政资金直接投入的方式，而是通过行政土地划拨、免收行政事业性收费、免收政府基金等税费减免的方式给予支持。因参与经适房和限价房建设的社会组织机构（主要以房地产开发商为主）以同样的资金量分别投入到经适房或限价房，与投入到普通商品房的开发相比，前两者投资利润率比后者低很多。因此，为了使经适房和限价房建设可以有序、顺利开展，并保质保量地达到满足中低收入住房困难家庭基本住房需求的目标，政府通过土地划拨、税费减免的方式降低社会机构对保障房投资建设的成本，目的是提高社会参建机构利润率，激发参与保障房建设的积极性。

第四节　社会资本参与保障房建设可行性的博弈分析

北京市保障性住房建设需要大量的资金投入，单靠政府财政投入、住房公积金增值和土地出让金净收益的投入还存在一定的资金缺口。保障性住房项目建设周期长、利润率低、投资回报慢，理性的社会机构一般不会投入资本参与保障房项目建设。本节将就社会资本参与保障房建设的可行性展开博弈分析。

在保障房制度体制下，参与人可分为三方：保障房建设资金的提供者，即以银行为代表的金融机构；保障房建设者，即以房地产开发商为代表的建筑机构；保障房消费者，即中低收入居民。如图 5-1 所示。

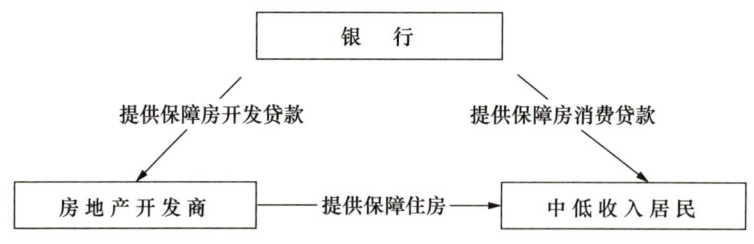

图 5-1　完全市场机制下三方博弈示意图

下面将从完全市场机制作用下和政府参与下两种情况，对"银行—房地产开发商—居民"三方参与保障房项目的决策和收益展开博弈分析。

一、模型设计

金融机构主要指商业性银行或政策性银行等金融组织。建筑机构比较多见的组织形式是房地产开发商,但近年来一些建筑公司开始加入到保障房建设中。与开发商经营模式不同,建筑公司参与保障房建设建成后一次性将房屋产权移交政府,政府支付建筑公司成本和合理利润。本书将以银行代表金融机构,房地产开发商代表建筑机构,连同中低收入居民一起作为博弈参与人。如图5-1所示,完全市场机制下,银行对开发商和中低收入居民可以提供资金支持,对开发商的支持表现为为其提供保障房开发贷款,对居民的支持表现为为其提供保障房消费贷款。建筑机构的策略为建设保障房和不建设保障房两种。中低收入居民也有两种策略选择,即买房和不买房。可将博弈模型设计为:

（1）参与人：银行，开发商，居民。

（2）策略选择。

1）银行策略：为开发商提供住房开发贷款，不为开发商提供住房开发贷款；为居民提供住房消费贷款，不为居民提供住房消费贷款。

2）开发商策略：建设保障房，不建设保障房。

3）居民策略：购买保障房，不购买保障房。

（3）博弈顺序。

银行首先决策是否为开发商提供住房开发贷款，开发商在接受银行住房开发贷款后决定是否建设保障房，在开发商决定建设保障房的情况下，银行要决策是否为居民提供住房消费贷款，居民在银行对其贷款和不贷款的情况下均有两个策略，即买房与不买房。

（4）参数设定。

L_1 表示开发商支付给银行的住房开发贷款利息额；L_2 表示居民支付给银行的住房消费贷款利息额；C_1 表示开发商建设保障房投入的总成本；I_1 表示开发商建设保障房的机会成本；P_2 表示居民从银行获得的住房消费贷款，即购得保障房的总价款；P'_2 表示居民利用自有资金购房时支付的购房款，P_2 和 P'_2 表示居民购房款的来源不同，但金额总量是相同的，即 $P_2 = P'_2$；U_2 表示居民由于购房而获得的住房效用。

保障房和同等居住条件的商品房从住房用途角度看具有同质性，即都是用于满足居民住房需求，在这种情况下，保障房和同等居住条件的商品房居民的住房效用相等。但是，保障房的社会福利属性决定了居民获得保障房和同等居住条件的商品房所付出的成本相差悬殊，具体表现为商品房售价远远超过保障房的售价。也就是说，获得保障房与购买同等居住条件商品房时，居民支付的价格不同，但从住房用途上看，两种途径可以获得相当的住房效用。因此，在居民符合保障房准入条件时，理性选择是租购保障房。

（5）决策树。

博弈过程如图 5-2① 所示。

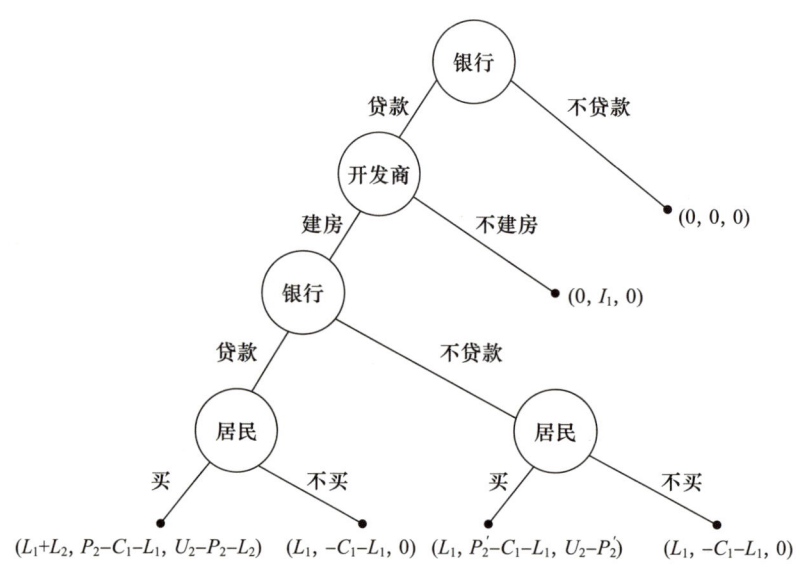

图 5-2　博弈决策树

二、完全市场机制下"银行—开发商—居民"三方博弈

如图 5-2 所示，在完全市场机制下，"银行—开发商—居民"三方博弈实际上属于三方参与人多层动态博弈过程，下面将依照由下至上的顺序讨论参与人各种策略下的收益和理性策略选择。

（一）居民购房的理性行为分析

居民购买保障房有两种情况：一是银行对其提供住房消费贷款 P_2，居民以贷款 P_2 支付房款；二是银行不为其提供贷款，居民以自有资金 P'_2 支付房款，且 $P_2 = P'_2$。

第一种情况下，居民有两种策略，即买房和不买房。居民买房的收益为 $U_2 - P_2 - L_2$，居民不买房的收益为 0，则有：

---

① 图中括号内逗点隔开的三个表达式依次为银行、开发商、居民的收益。

$$U_2 - P_2 - L_2 > 0 \tag{5-29}$$

需要讨论式（5-29）是否成立，经整理有：

$$U_2 > P_2 + L_2 \tag{5-30}$$

式中，U_2 表示居民由于购房而获得的住房效用，因保障房与同等条件的商品房住房效用相等，此处把 U_2 看成居民购买同等条件商品房获得的住房效用，或者近似理解为商品房价格，则居民支付购买商品房的价格要远远大于居民购买保障房的价格与住房消费贷款利息的和，式（5-30）成立。因此，在银行对居民提供住房消费贷款的情况下，居民的理性选择行为应该是购买保障房。

第二种情况下，当银行不向居民提供住房消费贷款时，居民购买保障房的收益为 $U_2 - P'_2$，不购房的收益为 0，则有：

$$U_2 - P'_2 > 0 \tag{5-31}$$

需要讨论式（5-31）是否成立，经整理得：

$$U_2 > P'_2 \tag{5-32}$$

式中，P'_2 为居民自筹的保障房购房款，数量与银行提供的贷款相等，即 $P'_2 = P_2$，与对式（5-31）的讨论类似，可以把 U_2 近似理解为商品房价格，则 U_2 必然大于保障房价格 P_2，所以式（5-32）成立。也就是说，当银行不对居民提供住房消费贷款时，居民的理性选择仍是利用自有或自筹资金购买保障房。

通过上述分析可以得到的结论是，居民在有资格申请租购保障房时，不管银行是否向其提供住房消费贷款，居民的理性行为都是购买保障房。究其根本是由保障房制度特点决定的，即保障房与同等居住条件的商品房相比较价格相差太大。

（二）银行对居民贷款的理性行为分析

银行对居民有两种策略选择，提供贷款和不提供贷款。

当银行对居民提供住房消费贷款时，银行的收益是 $L_1 + L_2$，即此种情况下，银行分别为居民提供了住房消费贷款，为开发商提供了住房开发贷款使其建设保障房，银行通过贷款获得了住房开发贷款利息收益额 L_1 和住房消费贷款利息收益额 L_2，且 $L_1 > 0$，$L_2 > 0$。

当银行不对居民提供住房消费贷款时，银行的收益为 L_1，即此时银行只能获得来自开发商的贷款利息收益额，而因保有对居民的住房消费贷款损失掉了 L_2。因 $L_1 + L_2 > L_1$ 成立，所以银行在是否为居民提供住房消费贷款的决策中，理性行为选择是提供贷款。

这一结论符合银行实际经营原则。银行重要的一部分利润来源是存贷款利率差的收益，银行通过居民储蓄积累资金，再向有资金需求的个人或组织提供贷款，贷款利率高于存款利率，银行可以获得差额利润。也就是说，资金周转越快，即吸储贷出资金流转越快，银行的收益越多，所以银行倾向于更多地提供贷款。但贷款是有风险的，所以银行在实际业务中都有一套贷款风险评价和控制制度，对贷款人或机构在信用、资产和还款能力等方面进行综合评估，并通常采用贷款资产抵押的方法把坏账的概率在制度层面降到最低水平。在银行向居民提供住房消费贷款时，目前多属住房抵押贷款，若因任何原因，居民不能按时足额还贷，则银行将获得住房处置权以保障银行的利益。由上述分析可知，本阶段博弈结果非常符合实际情况。

（三）开发商建设保障房的理性行为分析

开发商在银行为其提供保障房建设开发贷款下，开发商仍有建房和不建房两种策略选择。在讨论两种策略下开发商的收益前，有必要对开发商在银行为其提供建设贷款时仍不建设保障房的原因加以说明。在完全市场机制下，不管银行为开发商提供贷款的额度是否为建设保障房所需的全额资金，开发商仍要占用一定数量的自有资本作为配套资本投入到保障房建设，包括人员、技术、生产设备等生产资料。开发商的这部分配套资本投入到除保障房建设以外的项目而获得的收益就是其参与保障房建设的机会成本。也就是说，开发商在获得银行保障房建设贷款后，也会考量若将自有配套资本投入到其他建设，如普通商品房的建设，是否会产生更大的收益，即参与保障房建设的机会成本是否过高。如果机会成本过高，开发商获得银行保障房开发贷款也可能不愿参与保障房建设。而事实上，普通商品房与保障房从住房基本建设成本投入等方面比较差别不大，但销售价格却有天壤之别，开发商获得的利润差别也很大。所以开发商一旦认为建设保障房的机会成本过高，还是会放弃银行建设保障房的资金支持，转而继续建设和销售商品房。

基于上述分析，当银行给予开发商保障房开发贷款后，开发商因考虑机会成本而放弃建设保障房，此时开发商的收益就是建设保障房的机会成本 I_1。

当银行为开发商提供保障房开发贷款，开发商也愿意建房时，开发商的收益为 $P_2 - C_1 - L_1$，则有：

$$P_2 - C_1 - L_1 > I_1 \quad (5-33)$$

若想让开发商建设保障房，需要使式（5-33）成立。P_2 是保障房的价格，可以理解为开发商出售保障房的总收益，C_1 是保障房建设总成本，L_1 是开发商支付给银行开发贷款的利息额，因此式（5-33）左边表达式为开发商建设保障房的净收益。I_1 为开发商建设保障房的机会成本，这里可以理解为如果开发商不把同等的资本投入到保障房而是投入建设普通商品房使其获得的收益。很显然，在完全市场机制下，投入商品房建设比投入保障房建设的资本收益率高，所以式（5-33）不成立。

因此，在完全市场机制下，开发商因投入建设保障房的机会成本过高，即使在银行提供资金支持下，其理性行为仍为不建设保障房。此时出现了保障房建设市场失灵现象，需要政府参与才能使保障房建设正常运行。

（四）银行对开发商贷款的理性行为分析

如前文分析，开发商在银行对其提供保障房开发贷款情况下，因考虑建设保障房的机会成本，开发商仍不愿意建设保障房，实际上相当于没有接受银行的保障房开发贷款，因此，不管银行对保障房提供贷款支持与否，银行的收益都是0。表面上看，银行虽没有收益但也没有损失，其实则不然。从银行角度看，一方面，不管是对开发商提供的住房开发贷款，还是为居民提供住房消费贷款，因为采取抵押、担保等方法可以很大程度上降低银行资金损失的风险；另一方面，银行经营是以最大限度盈利为目标，增加发放贷款额度有利于银行获得利润，银行资金周转速度越快，银行获利越多。实际上，贷款应贷而未贷出，但银行仍要向储蓄居民支付利息，所以贷款应贷未带出对银行是有利润损失的。从社会经济发展角度看，银行资金应贷未贷出对经济发展会产生负面效应。资金投入到生产经营领域可以对财富积累产生乘数效应。增加对某行业的资金投入可以使本行业资本增值，同时可以为相关产业创造生产经营机会，带动周边产业项目协同发展，增加就业机会，所以社会资金合理、有效利用是推动经济发展的重要力量。

三、政府参与下"银行—开发商—居民"三方博弈

保障性住房制度是政府从住房市场现实发展水平出发，针对近年来普通商品房价格居高不下，中低收入居民家庭住房困难问题突出，为保障中低收入居民住房需求而制定的一项社会福利保障制度。政府对保障性住房建设投入了大量的人力、物力，但对于像北京这样的一线城市，因住房供不应求的矛盾不断推动房价攀升，需要政府提供住房保障的居民人数规模很大，单纯依靠政府财政投入建设保障房将会出现巨大的资金缺口，因此鼓励有财力、有资源、有技术的社会机构加入保障房建设是政府一直以来倡导的保障房发展方向。但是，从完全市场机制下"银行—开发商—居民"三方博弈分析看，没有政府参与的保障房建设将无法运行，下面将进行具体分析。

首先，在完全市场机制下，不管银行是否为其提供保障房消费贷款，居民的理性行为都是购买保障房。这可以从两方面解释，一方面是中低收入居民迫切需要住房用于满足其基本住房需求；另一方面是获得保障性住房付出的成本要远远小于在保障房体制外获得同等居住条件的商品房的成本，保障房与同等条件商品房从居住用途角度看住房效用相等，即住房效用相等，获得保障房的成本却低很多，所以有资格租购保障房的中低收入居民会积极租赁或购买保障房，不论是以

向银行申请住房消费贷款的方式,还是自筹资金的方式,都不会放弃购买保障房。所以在居民购买保障房的行为选择中,不需要政府的参与,是满足住房需求和改善居住条件的内在动力促使居民必然购买保障房。

其次,在完全市场机制下,银行对居民提供住房消费贷款的理性选择为提供贷款。目前我国还没有专门为住房市场建设和消费提供融资的政策性银行,对开发商和居民住房开发及消费的贷款均出自商业银行,商业银行作为独立法人实体,自主经营、自负盈亏,追求利润最大化是其经营目标。发放贷款是银行主要的利润来源,抵押和担保机制的存在大大降低银行资金损失的风险,因此银行更愿意为开发商和居民提供贷款。在这样的过程中也不需要政府的干预,银行愿意提供贷款有利于调动开发商建房的积极性,保证保障房房源充足,银行愿意为居民贷款增强了居民的购房能力,帮助居民尽早满足住房需要,这对保障房建设与发展是利好因素。

最后,在完全市场机制下,无论银行是否为开发商提供保障房开发贷款,开发商的理性选择是不建设保障房。对于保障房建设与政策执行来说,开发商不建设保障房将直接导致保障房建设停滞,此时出现了市场失灵现象,需要政府参与协调。

式(5-33)不成立,所以得出的结论为不管银行是否向开发商提供贷款,保障房建设机会成本过高,开发商都将选择不建设保障房。也就是说,若使开发商在此种情况下理性行为选择是建设保障房,需要使式(5-34)成立,即:

$$P_2 - C_1 - L_1 \geq I_1 \quad (5-34)$$

也就是说,开发商建设保障房的净利润应不小于建设商品房的净利润。实际情况是在完全市场机制下,式(5-34)表达式左边要远远小于表达式右边,即开发商建设保障房的净利润小于建设商品房的利润。所以若式(5-34)成立,可以选择增大 P_2,或者减小 C_1、L_1、I_1,也就是说,要提高保障性住房的租售价格 P_2,或者选择降低保障房建设成本 C_1,降低住房开发贷款利息额 L_1,降低商品房建设资金利润率 I_1。

P_2 为保障性住房的价格。"三房"中租赁补贴式廉租房承租人是被补贴方,政府是补贴资金的支出方,所以不涉及提价问题;实物配租式廉租房对承租人收取的租金本身具有社会福利属性,定价以不影响低收入居民家庭的生活正常开支为前提,所以额度很低。"三房"中的经济适用房和限价房的定价是本着成本加合理利润的原则制定的,依照中低收入居民的收入水平,政府在最终核定经适房和限价房价格时还要考虑中低收入家庭的消费能力。因此,政府通过提高保障房价格 P_2,进而增加开发商建设和销售保障房收益,刺激开发商参与保障房建设的方案是不可取的。这也与保障房制度的基本原则相违背。

关于降低银行为开发商提供的住房开发贷款利息 L_1 问题,在完全市场机制下的银行对居民提供住房消费贷款,为开发商提供住房开发贷款时已经讨论过,商业银行是自主经营、自负盈亏的经营实体,以利润最大化为经营目标,存贷款利率差额是银行主要的利润来源,因此,政府通过行政干预手段强制银行降低贷款利率的做法不可取。

其实,在此问题中,政府通过宏观调控手段可以干预或影响的是保障房开发总成本 C_1 和建设保障房的机会成本,即建设商品房的收益 I_1。下面分别进行讨论。

开发商建设保障房的成本构成与商品房类似,主要为购买土地成本、建筑材料投入、设备投入、人工成本等,其中购买土地是主要的成本支出。开发商建设销售商品房所需土地需要向政府支付土地出让金,对开发商来说这是商品房开发项目中的大宗成本投入部分。与之相反,保障房制度规定政府对保障房建设用地采取行政划拨或其他等效优惠政策,这大大减少了开发商的成本投入。虽然保障房销售价格较商品房低很多,但如果政府给予的行政划拨土地或其他等效优惠政策减少了开发商的成本,使开发商参与保障房的获利空间与商品房基本持平或更强,必然会刺激开发商参与保障房建设的积极性。所以,政府通过行政手段或给予优惠政策,降低开发商建设保障房总成本 C_1,对增加开发商建设保障房利润和参与积极性是有效的。

政府可以行政干预的另一个指标是建设保障房的机会成本,也就是开发商不建保障房而以同样的资本投入建设商品房所获得的收益 I_1。北京市商品房售价增长速度快、房价过高的根本原因是住房供不应求,相对于本市居民和不断增多的外来人口数量,住房的供给量不足,直接导致了房价的上涨。此外,商品房在近些年成为了投资工具。当经济稳步快速发展,伴随而来的通常是通货膨胀,人们为了资产保值,由于住房的相对稀缺性,人们对住房价格有增长的预期,因此,商品房成为了使资产保值或增值的投资品,这又加剧房价进一步的上涨。此种情况下,北京政府先后出台的提高二套商品房首付比例,提高二套商品房贷款利率,再到限购二套商品房等政策就是从制度上限制非居住型的商品房需求,以求对房价起到抑制作用。此外,近期出台的房产税政策,目的是增加非居住型购房人持有住房的成本,进而抑制非居住型住房需求。如果上述政策贯彻落实好,会从根本上缓解住房供求矛盾,会使商品房价格得到抑制或是使之降低。当商品房价格被政府政策抑制或降低,开发商建设和销售商品房的收益 I_1 会随之减少,减少到与建设保障房的收益水平相当时,开发商才有可能考虑放弃商品房开发建设转而参与建设保障房。

综上所述,在完全市场机制下,开发商不管银行是否对其提供住房开发贷款，其理性行为都是不建设保障房，即出现了市场失灵现象，保障房建设无法展开，保障房制度无法被执行。因此，政府需要参与其中，通过土地行政划拨或其他等效优惠政策降低开发商建设保障房的总成本，或是通过专项制度设计和征收房产税等手段抑制商品房价格，使开发商建设和销售商品房的收益降低，才能够使式(5-34)成立，使开发商积极主动参与保障房建设，提供保质保量的保障房供给，满足中低收入家庭住房需求。

四、博弈分析结论

通过以上分析，可以得出以下几点结论：

第一，保障性住房建设需要政府参与，否则将会出现市场失灵现象。

第二，在完全市场机制下，居民无论银行是否为其提供住房消费贷款都愿意购买保障房，银行考虑到放贷获利，愿意为居民提供购房贷款。此时，居民和银行的选择由市场机制自动发挥作用，无须政府干预。

第三，在完全市场机制下，开发商不论银行是否为其提供住房开发贷款，其决策都是不建设保障房，出现了市场失灵现象，需要政府干预。政府的干预可从两方面着手，一是降低开发商建设保障房的成本，二是降低开发商建设和销售商品房的收益。

第四，政府干预保障房建设应采用遵循经济规律前提下的经济手段，如提高二套住房首付比例，提高二套住房贷款利率和征收房产税等方法，而非行政指令性干预。

第五节 本章小结

本章主要结论如下：

第一，对北京市保障资金供给现状进行制度分析。廉租房资金供给通过政府财政预算、政府公积金增值收益、土地出让金净收益、社会多渠道资金供给四种方式。经适房和限价房主要通过与普通商品房配建的方式，政府给予开发机构土地行政划拨、免收行政事业性收费、免收政府基金、配套设施建设由政府负担等优惠政策。在此基础上，鼓励社会资本和机构对保障房进行投资及建设，广泛拓宽资金来源渠道，确保保障房建设的数量和质量要求。

第二，提出廉租房资金需求量测算模型。根据廉租房制度要求，廉租房主要有租赁补贴和实物配租两种保障模式，针对两种模式分别提出了资金需求量的测算模型。对 2009~2011 年廉租房资金需求量进行模拟测算。

第三，提出经适房资金需求量测算模型，并针对 2007~2011 年经适房制度保障规模，利用资金需求量测算模型进行实证研究。

第四，提出限价房资金需求量测算模型，利用 2007~2011 年相关统计数据，对限价房资金需求量进行测算。限价房配售根据家庭规模和成员构成提出了具体的户型配售方案，通过实证分析，测算出限价房二居室，即住房建筑面积在 75 平方米以下的住房应为限价房的主要需求户型。

第五，响应政府号召，广泛发动社会资本加入到保障房建设中，利用博弈论方法对社会资本参与保障房建设可行性进行分析。分别对完全市场机制下的"银行—开发商—居民"三方参与人和政府参与下的"银行—开发商—居民"三方参与人进行博弈分析。基本结论为：保障性住房建设需要政府参与，否则将会出现市场失灵使保障房建设无法实施；在完全市场机制下，居民不管银行是否提供住房消费贷款都会购买保障房，银行由于放贷获利增加利润的原因，愿意为居民提供住房消费贷款；完全市场机制下，开发商不管是否获得银行住房开发贷款都不愿意建设保障房，因此出现了保障房建设的市场失灵问题，需要政府干预。政府的干预可从两方面着手，一是降低开发商建设保障房的成本，二是降低开发商建设和销售商品房的收益。政府干预保障房建设应采用遵循经济规律的经济手段，而非行政指令性手段。

第六章　北京市保障性住房退出机制设计

退出机制是保障性住房制度的重要组成部分。完备的退出机制可以使保障性住房制度运行更有效率，确保有限的保障房资源可以惠及更多中低收入住房困难家庭，使社会资源达到合理配置。北京市保障房制度对于廉租房、经适房和限价房的申请制定了严格的"三级审核、二级公示"制度，确保保障房申请者的条件符合制度规定。在保障房承租人租住过程中，调查入户制度用于及时了解承租家庭的经济条件变动情况，查实保障房是否为自住而非转借他人或做生产经营用途。但因经济条件的变动属于隐性信息，通过入户调查未必能全面、真实、及时地掌握情况，所以制度还规定了承租人应履行资产变化主动申报的义务。

北京市保障性住房制度退出机制多为政策指令性条款，需要入户调查员的入户调查和承租人主动申报，当承租人因经济条件等因素变化不再符合保障房准入条件时，则应退出保障房系统。可见，这样的保障房退出机制带有很强的主观性，只有在入户调查员严谨认真工作和承租人积极主动如实申报的前提下，这样的退出机制才有可能实施。从经济学理性人假设出发，保障房承租人付出较少的成本就可以获得与普通商品住房同样的居住效用，所以他们的理性选择将是尽其所能保住保障住房，这会使人们对现行保障房退出制度中的承租人定期主动申报个人资产规定的可执行性受到质疑。此外，制度虽对于在申请中承租人弄虚作假，不如实申报的行为给出了惩罚措施，但并未对诚信的承租人给出鼓励性、引导性政策，这种"轻引导、重惩罚"的机制会造成保障性住房"退出难"的制度困境。

本章提出保障房梯度补贴动态退出机制的构想。在这一退出机制下，承租人在经济水平提高后，为了改善居住条件在有政府给予的住房补贴帮助下，可以较容易地获得居住条件更好的住房，以较少的成本获得更大的住房收益，使保障房承租人愿意主动提出对原来持有的较低保障水平的保障房腾退的请求。收入水平高于限价房准入标准的承租人、承购人退出保障房系统，新的收入水平较低的居民被纳入保障房体系，使保障房制度成为一个"能进肯出"的动态系统。

第六章 北京市保障性住房退出机制设计

第一节 保障房退出制度现状分析

首先,针对保障性住房"三房"的总体制度要求,2010年5月北京市住建委发布《关于开展经济适用住房等保障性住房资格及管理专项核查工作的通知》是专门针对保障房资格审核管理的指导性文件,该通知具体提出对保障房申请人的各项核查内容和处理办法。

保障性住房资格核查主要对象为已经通过廉租住房、经济适用住房和限价商品住房资格审核尚未参加摇号配租配售的轮候家庭;或已签订廉租住房配租合同、经济适用住房或限价商品住房购房合同尚未入住的家庭;或正在享受廉租房租房补贴或已经入住廉租实物住房、经济适用住房或限价商品住房的家庭进行资格复查。其中,经济适用住房申请家庭为2007年11月12日以后按照"三级审核、二级公示"审核程序通过经济适用住房购买资格审核的家庭。核查内容包括申请人及申请家庭成员是否存在瞒报、虚报住房、收入、资产等情况;申请人及申请家庭成员其所在单位是否出具虚假证明材料;各级住房保障工作人员在资格审核过程中是否按照规定程序和条件进行资格审核工作。市住房保障管理部门将通过住房保障审核系统与全市房产、民政、公安、社保、地税、公积金等信息系统进行信息比对,全面核查申请家庭的住房、资产和收入情况进行信息比对。同时,广泛接受群众举报,通过公布的举报电话、邮箱、通信地址,社会公众可对申请家庭以及住房保障工作人员进行监督举报。

对专项核查中发现的问题,由市、区住房保障管理部门应当依据廉租住房、经济适用住房和限价商品住房的相关管理规定予以分类处理:申请家庭在申请或轮候期间弄虚作假,隐瞒家庭住房、收入及资产状况的,经复查属实,由区县住房保障管理部门做出取消申请资格的决定,记入不良信用档案,5年内不得再次申请保障性住房,涉嫌犯罪的,移送司法机关处理;对于已配租的廉租家庭,责令其退还已领取的租房补贴,或者退出廉租住房并补交市场平均租金与廉租住房标准租金的差额;对于已签订经济适用住房或限价商品住房购买合同的家庭,区县住房保障管理部门应及时向开发企业发放通知,按合同约定与购房人解除购房合同,并到区县房屋登记部门办理合同注销手续;对于已经入住经济适用住房或限价商品住房的家庭,区县住房保障管理部门责令其退回已购住房;对于购买经济适用住房后又购买其他住房的家庭,由区县住房保障管理部门组织回购经济适用住房。

同时,在保障房管理中应建立核查长效机制。通过建立信息共享,使市住房保障管理部门与房产、民政、公安、金融、社保、地税、公积金等部门依托市政务信息资源管理平台建立跨部门住房保障申请资格审核信息共享服务系统，在资格审核办理机构提供专项查询计算机终端，为住房保障资格审核提供基础数据查询，增强资格审核工作准确性，提高监管工作效率。各区住房保障管理部门与本区相关部门实现信息共享，增加申请家庭资格审核手段；通过建立定期复核机制，各级住房保障管理部门定期对已通过资格审核的申请家庭进行复核。区住房保障管理部门每年会同区有关部门，组织街道对正在享受廉租住房配租的家庭基本情况进行复核；在经济适用住房和限价商品住房摇号配售前，对轮候期限已满1年，拟参加摇号家庭申报的家庭基本情况进行复核；在家庭办理廉租实物住房、经济适用住房和限价商品住房前，对入住家庭基本情况再进行复核；建立立体监督机制，一是通过首都之窗网站等多渠道进一步加大申请家庭信息公示力度、增加信息公示内容、延长公示时间；二是各级住房保障管理部门向社会开通举报电话、信箱、电子邮箱，采取多种方式接受群众举报、投诉，鼓励社会公众对住房保障工作进行监督；三是市、区住房保障管理部门每年定期或不定期邀请各级人大代表、政协委员、媒体代表、政风行风监督员对保障性住房资格审核全过程进行监督，发现问题及时纠正。

其次，专门针对申请廉租住房的家庭提出具体规定。家庭收入连续一年超出规定标准的，取消其廉租住房保障资格，停发租房补贴，或者在合理期限内收回廉租住房。对不如实申报家庭住房、收入、人口及资产状况，骗取廉租住房保障的，责令其退还已领取的租房补贴，或者退出廉租住房并补交市场平均租金与廉租住房标准租金的差额，并依据有关规定进行处罚，5年内不得再申请廉租住房保障；构成犯罪的，移交司法机关依法追究刑事责任。将承租的廉租住房转借、转租的，擅自改变房屋用途，连续6个月以上未在廉租住房内居住的承租家庭由区县住房保障管理部门收回其承租的廉租住房，或者停止发放租房补贴。

再次，对于申购经济适用房的家庭规定经济适用住房只能自住，不得出租或出借以及从事居住以外的任何活动。购买经济适用住房不满5年的，不得上市交易；对于因各种原因确需转让经济适用住房的，可向购买人户口所在区县住房保障管理部门申请回购，回购价格按照原价格并考虑折旧和物价水平等因素确定。购买经济适用住房满5年的，出售时应当按照届时同地段普通商品住房和经济适用住房差价的70%缴纳土地收益等价款，并由政府优先回购；购房人也可以在补缴政府应得收益后取得完全产权。对弄虚作假，隐瞒家庭收入、住房和资产状况及伪造相关证明的申请人，由区县住房保障管理部门取消其申请资格，5年内不得再次申请；构成犯罪的，移交司法机关依法追究刑事责任。已骗购经济适用住房的，擅自改变房屋用途的，擅自转租或转借他人居住的，由区县住房保障管理部门责令购房人退回已购住房或按同地段商品住房价格补足购房款；构成犯罪的，移交司法机关依法追究刑事责任。

最后，对于申购限价商品房的家庭规定限价商品住房购房人进行房屋权属登记时，房屋行政主管部门应在房屋权属证书上注明"限价商品住房"字样。购房人取得房屋权属证书后5年内不得转让所购住房。确需转让的，可向户口所在区县住房保障管理部门申请回购，回购价格按购买价格并考虑折旧和物价水平等因素确定。回购的房屋继续作为限价商品住房向符合条件家庭出售。购房人在取得房屋权属证书5年后转让所购住房的，应按届时同地段普通商品住房和限价商品住房差价的35%缴纳土地收益等价款。对弄虚作假，隐瞒家庭收入、住房和资产状况及伪造相关证明的申请人，由所在区县住房保障管理部门取消其申请资格，5年内不得再次申请；对已骗购限价商品住房的，由区县住房保障管理部门责令购房人退回已购住房或按同地段普通商品住房价格补足购房款；已构成犯罪的，移交司法机关追究刑事责任。

第二节 保障房梯度补贴动态退出机制设计

一、理论准备

保障房梯度补贴动态退出机制的提出需要一系列的理论作为研究基础，包括住房过滤理论、住房供求关系与住房需求理论、居民收入的住房消费比例与需要层次理论。

（一）住房过滤理论

住房过滤理论对保障房梯度补贴动态退出机制从居民收入水平与住房需求关系，保障房"三房"基本保障模式之间腾退衔接两方面给出理论解释。也就是说，当居民收入水平提高后，对于改善居住面积、住房装饰装潢、周边环境选择等居住状态有主动改进和提高的需求。在住房市场上，最初为高收入者建造的住房，随着时间的推移，因住房老化、质量下降，原有的格局设计和外部服务设施已经不能满足这些高收入住户的需求。高收入者愿意在商品房市场上购买更新更好的住房来满足其增长的住房需求，他们的原有住房就被替换出来重新进入住房市场，这部分住房会被卖给收入水平相对较低的群体，把这种现象称为住房的过滤。住房过滤理论可以用来评估住房政策的效率和公平，在分析住房政策时发挥重要作用，为相关政府部门制定合理、有效的住房政策提供有力的理论支持。

从该理论在保障性住房政策中的实践看，由于住房具有耐久性和部分商品性特征,住房在市场交易中体现出典型的结构分层特征。也就是说,在住房市场供求均衡的条件下,保障住房的供给不能片面追求新建,而应该充分动员社会上的住房存量,根据不同居民收入水平的差异,找准其在住房市场中的定位,引导居民理性的住房消费观念。因此,政府在相关政策规划制定过程中,需要关注以下几点:政府在对居民家庭租住选择政策引导中,首先要保证中低收入家庭的租住权利,而不是片面鼓励住房产权的购买;在居民具备住房购买能力时,要根据购房人实际支付能力,在新房与二手房、小户型与中大户型之间引导其做出理性的选择①。

(二) 住房供求关系与住房需求理论

住房供求关系与住房需求理论的分析主要以收入价格弹性分析住房的供求关系,通过住房价格需求理论分析保障房存在的必要性,作为针对保障房体系与商品房市场合理对接构想的理论基础。

居民住房需求的满足有两个要件:一是有主观需要,即居民家庭有满足住房需求和改善居住条件的主观意愿;二是有获取能力,即在房价、收入等约束条件下购买住房或改善居住条件的能力②。作为家庭中重要的耐用消费品,住房的供求关系及特殊性是西方学者研究的主要出发点,他们通过测算住房收入价格弹性来分析住房的供求关系。研究结论为,在影响住房供求的各种因素中,购房者的收入水平是最重要的因素。因此,住房收入弹性在政府制定住房政策时发挥了重要的作用。Reid (1962) 借鉴弗里德曼的固定收入假说和总量数据研究方法后发现,住房需求的收入弹性约等于2,而不是通常假设的1或更低③。在对收入弹性是否会随收入水平的变化而变化以及如何发生变化的研究中,Ihlanfeldt (1982) 认为,高收入群体的住房收入价格弹性较高④;Hansen 等 (1996) 对洛伦兹曲线研究后发现,对所有收入水平的居民而言,住房收入价格弹性都小于1⑤;Brusewitz (1998) 计算的住房收入价格弹性为0.98⑥;Meen (1996) 的研究则估计住房收入价格弹性高达1.25⑦。Cheshire 和 Sheppard (1998) 得出住房收入价格弹性区间更大,在综合考

---

① 马建平. 中国保障性住房制度建设研究 [D]. 吉林大学博士学位论文, 2011.

② Geoffrey C. Income Elasticity of Housing Demand [J]. Review of Economics and Statistics, 1973 (55): 528 – 532.

③ Reid M. Housing and Income [M]. The University of Chicago Press: Chicago, 1962.

④ Ihlanfeldt K. Property Tax Incidence on Owner – Occupied Housing: Evidence from the Annual Housing Survey [J]. National Tax Journal, 1982 (35): 89 – 97.

⑤ Hansen Julia L. & Formby John P. & Smith W. James. The Income Elasticity of Demand for Housing: Evidence from Concentration Curves [J]. Journal of Urban Economics, Elsevier, 1996, 39 (2): 173 – 192.

⑥ Brusewitz U. H. Self – Selectivity and Kinked Budget Constraints: The Demand for Housing in Sweden [J]. Journal of Housing Economics, 1998 (7): 243 – 273.

⑦ Meen G. P. Modeling Sustainable Home – Ownership: Demographics or Economics? [D]. Discussion Papersin Urban & Regional Economics, University of Reading, Department of Economics, Reading, 1996.

虑各种决定因素后,住房收入价格弹性在1.6~3.755[①]。

世界银行研究认为,住房收入价格弹性在不同国家是不同的,并且针对不同的住房用途,例如在租用和自用住房之间,住房收入价格弹性也存在很大差异。也有学者倾向于对住房服务供给的研究,他们认为,现有的住房存量和市场对现有住房存量的需求之间存在相互作用关系,由此决定了住房价格以及新建住房的数量。罗腾博格等(1991)通过对住房市场进行细分,从住房子市场和跨地区模型角度分析了新建住房的速度和区位选择问题。Cheshire 和 Sheppard(1989)考察了英国土地使用控制对住房供给的影响[②]。Bramley(1993)通过建立不同地区的住房需求截面模型研究发现,地区土地可获得性将严重影响到住房的产出量[③]。

从住房需求价格弹性看,住房与水、电、煤气、医疗、教育、社会保险等商品或服务一样都是日常生活必需的,人们一般认为住房需求是缺乏弹性的,即 $\eta<1$。研究结果显示,住房需求价格弹性在 0.67~0.72,与医疗、食品等服务基本类似为生活必需品。

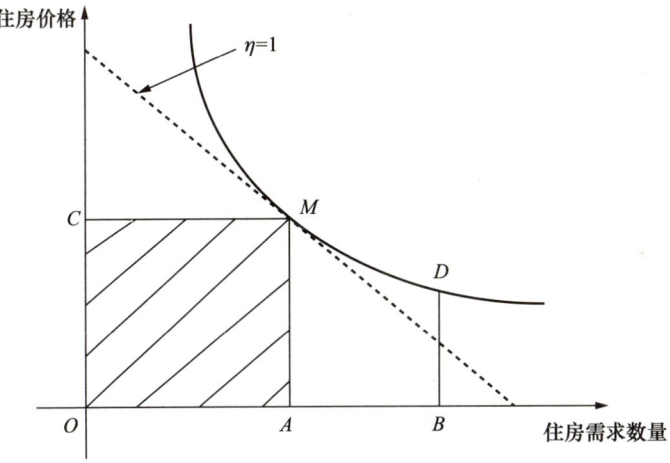

图 6-1 住房需求价格弹性

在某一特定社会发展阶段,居民收入水平具有一定层次结构。图 6-1 中的曲线为住房需求价格曲线,曲线与虚线相切与 M 点,斜率为 1,则区域 $OAMC$ 是基础

---

① Cheshire, P. and S. Sheppard. Estimating the Demand for Housing, Land, and Neighborhood Characteristics [J]. Oxford Bulletin of Economics and Statistics, 1998, 60 (3): 357 – 377.

② P. Cheshire and S. Sheppard. British Planning Policy and Access to Housing: Some Empirical Estimates [J]. Urban Studies, 1989 (26): 469 – 485.

③ Bramley G. Land Use Planning and the Housing Market in Britain – the Impact on House Building and House Prices [J]. Environmental Planning A, 1993 (25): 1021 – 1052.

住房区域，住房的需求价格弹性小于1，即 $\eta<1$，住房需求价格缺乏弹性。住房价格上涨的速度快于居民对住房需求数量的增长，即房价的涨落对这部分居民在满足住房需求或是改善居住条件的影响不明显。这个区域内的住房需求是居民的基本需求，应该得到满足与保障，属于温饱型住房需求，政府应对其采取社会保障措施。区域 ABDM，即 $\eta>1$，住房需求价格富有弹性，也就是说，市场上房价的涨落幅度对这部门居民的住房需求影响不大，属于改善型住房需求，应当由市场主导。随着经济发展和居民收入水平的提高，居民居住水平会超过 D 点，BD 的右侧属于奢侈型住房需求。从住房需求的资产性质来看，M 点左侧曲线的点与 X 轴、Y 轴围成的矩形区域因 $\eta<1$，属于自住型住房需求，M 点与 D 点之间的部分可称为改善型住房需求，D 点右侧因 $\eta\to\infty$，则属于奢侈型住房需求。自住型住房需求应该在政府政策干预下得到优先保障，而改善型和奢侈型住房需求应由市场满足。

从住房需求收入弹性看，通常情况下，改善型和奢侈型住房需求收入弹性大于1，自住型住房需求收入弹性小于1。国内学者研究结果趋向于住房需求收入弹性在 0.50~0.66，说明住房需求增长速度低于居民收入的增长速度。因此在未来，刺激居民住房需求的有效手段之一是提高居民收入以增强其住房购买能力。住房需求收入弹性不足与我国经济发展阶段紧密相关。经济结构调整使得居民不确定性消费预期上升，由于传统福利分房制度使部分高收入居民住房需求已得到满足，而中低收入群体受消费能力的限制，住房的购买能力明显不足，由此我国居民住房需求收入弹性普遍较低。此外，当社会处于转型期时，持久性收入增长缓慢，暂时性收入增加较快，暂时性收入的储蓄倾向偏高，住房消费属于持久性消费类型只能根据持久性收入的增长来决定；我国经济体制改革改变了人们的消费预期，暂时性消费预期明显上升，防范风险的储蓄倾向因而随之上升，居民住房消费倾向则连年递减①。

（三）居民收入的住房消费比例与需要层次理论

居民收入的住房消费比例与需要层次理论为保障房梯度补贴动态退出机制多层次保障模式存在的必要性提供了理论支持。

住房消费比例是衡量一个国家或地区居民住房消费水平的重要指标。通常情况下，居民收入水平由低向高变化时，居民住房消费比例也会随之增长。但当居民收入增长到一定水平以后，居民消费会停留在某一水平或在某一高位水平停留后有所回落，这说明居民不会无限制地进行住房消费。例如，美国有部分家庭住房消费超过家庭收入的 30%，则被认为存在过度的住房消费负担；如果这一比例超过 50%，被认为是存在严重的住房消费负担。由于住房消费比例采用的是比例算法，所以可在不同区域或不同时点进行比较。如果将这一方法与其他支付方法结合在一起，可

---

① 孙凤. 消费者行为数量研究 [M]. 上海：三联书店，上海人民出版社，2002.

以成为考察家庭住房支付能力的有效方法。保障性住房制度目标是解决社会经济发展过程中的中低收入家庭住房困难问题，因居民家庭经济水平的差异，以及所处地区、就业状况、健康状况、家庭结构、城市内部位置等诸多方面的不同，对保障性住房的实际需求也不同。所以，保障性住房的建设和供给应体现多结构、多层次的特点。为此，可基于马斯洛需求层次理论，完善多层次保障性住房体系建设。

理论研究证明，根据不同的主观判断，人们的主观需求可以分为不同次序与层次。为此，20世纪40年代，美国心理学家马斯洛（A. Maslow）发表了《人的动机理论》，全面阐述了作为人的动机基础的需求层次理论。他把人的全部需求归纳为五类：生理需求、安全需求、社会需求、尊重需求和实现自我需求。马斯洛指出，人的需求中生理需要是至关重要的，这些需求包括对食品、庇护所等需求，是人类最原始、最基本的需求，如果这些需求得不到满足就会危及人的生命安全。所以，无论是政府还是社会团体，都应该最大程度地满足人们最低层次的需求，以维护社会稳定和促进社会全面发展。马斯洛认为，在客观条件许可的情况下，根据不同群体对不同层次需求的追求，使他们的需求得到充分满足，只有如此才能有效地解决现实社会面临的种种矛盾。

实际上，与马克思第一需要理论一样，两个理论都是将住房和食物共同作为人类生存与发展的第一需求，政府有责任为居民满足第一需求提供必要的支持。考虑到居民自身发展阶段和所处社会地位的不同，从静态和动态角度看人们的住房需求表现出时效性特征。从静态视角看，由于居民在财力、智力和体能等方面的差异，在同期社会经济活动中能够承受的住房消费水平各不相同，对住房需求的差异性是客观存在的。从动态的角度看，居民在社会经济活动中所处的地位不是一成不变的，特别是经济水平可能发生很大的变化，他们对住房的实际需求也会随之发生改变，促成他们对住房条件产生了层次性需求。

二、梯度补贴动态退出机制

北京市保障性住房梯度补贴动态退出机制有如下假设：

假设1：廉租房、经适房、限价房和商品房在户型面积、配套设施、周边环境、生活便利程度等居住条件水平依次提高。

假设2：廉租房、经适房、限价房严格按照保障房制度要求建造，在居住面积、户型结构、配套设施等方面受限制。

假设3：保障房体系内被保障的居民家庭，在收入水平提高后有改善居住条件的主观意愿，即在中低收入住房困难家庭收入水平提高后有获得更好居住条件住房的理性需求。

假设4：经适房、限价房和商品房产权交易程度上有差异性，从再交易和投资需求角度看，居民对经适房、限价房和商品房在经济条件允许的情况下，购买偏好逐步增强。经适房和限价房购房人只能获得有限房屋产权，即使购买满 5 年后上市交易的仍要补缴 70% 和 35% 的土地溢价收益价款，而商品房购房人在签订房屋购买合同等相关手续完成后即可获得房屋全部产权，并且对再次上市交易没有限制。因此，对于住房上市交易的自由度以及投资需求角度出发，经济条件尚可的居民更愿意选择购买更好居住条件的住房形式。

保障性住房梯度补贴动态退出机制设计如图 6-2 所示。

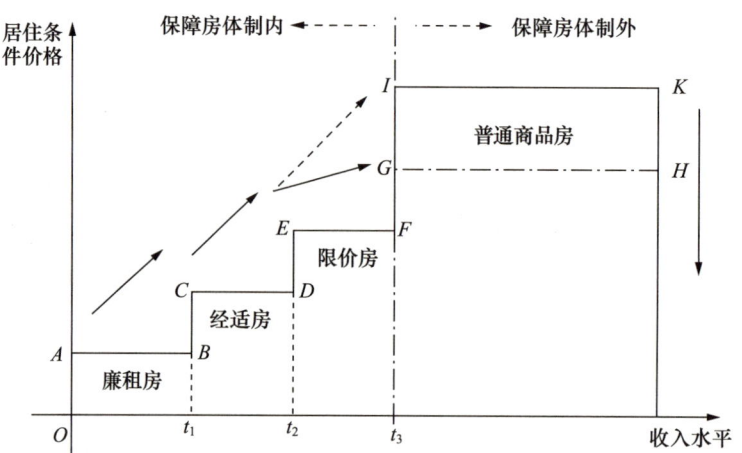

图 6-2 保障房梯度补贴动态退出机制示意图

如图 6-2 所示，横轴表示居民收入水平，纵轴表示廉租房、经适房、限价房和普通商品房的居住条件和价格。t_1、t_2、t_3 是保障房"三房"收入准入标准，根据制度要求，当居民收入水平 $t \in (0, t_1]$ 时，可以通过申请廉租住房满足家庭住房基本需求，当 $t \in (t_1, t_2]$ 时，由经济适用房保障其住房需求，当 $t \in (t_2, t_3]$ 时，中低收入家庭可以申购限价房满足其住房需求，当 $t > t_3$ 时，居民住房需求需要通过商品房市场满足。也就是说，居民收入水平 $t \leq t_3$ 时可被纳入保障房体系，当收入超过 t_3 水平时，则需要退出保障房体系由商品房市场提供住房。AB、CD、EF、IK 分别表示廉租房、经适房、限价房和普通商品房的居住条件和价格水平，可以看出是逐步提高的。GH 为政府通过税收等经济手段对房价平抑后的房价水平。因现行保障房制度对"三房"在户型面积、居住功能、配套设施等方面有诸多限制，如图 6-2 所示，越高等级的住房形式其居住条件相对越好，但价格也越高。

（一）腾退廉租房申购经适房的补贴退出机制设计

当居民收入水平超过 t_1，按照保障房制度规定将腾退廉租住房，可以申购经适房，不妨设补贴系数为 r_2，C_2 为经适房总购置成本，P_2 为同等居住条件下普通商品房的市场价格，A 为住房使用面积，$A \times 1.33$ 为住房建筑面积，如果居民

收入超过 t_1 水平而隐瞒资产变动情况，拒不退出廉租住房的将给予惩罚，惩罚系数为 m_2，当满足：

$$C_2 - r_2 \times A \times 1.33 < P_2 \times A \times 1.33 \qquad (6-1)$$

$$m_2 > r_2 \qquad (6-2)$$

即居民在获得政府购房补贴后，购买经适房的成本小于在保障房体制外购买同样一套普通商品房所花费的成本，且如果瞒报资产变动，将面临大于补贴力度的更严厉的惩罚时，居民的理性选择将是腾退廉租房，购买经适房。

（二）腾退经适房申购限价房的补贴退出机制设计

由于居民收入水平的变化，腾退经适房、购买限价房的情况与前文类似。当居民收入水平超过 t_2，不妨设补贴系数为 r_3，C_3 为限价房总购置成本，P_3 为同等居住条件下普通商品房的市场价格，A 为住房使用面积，$A \times 1.33$ 为住房建筑面积，如果居民收入超过 t_2 水平而隐瞒资产变动情况，拒不退出经适房的将给予惩罚，惩罚系数为 m_3，当满足：

$$C_3 - r_3 \times A \times 1.33 < P_3 \times A \times 1.33 \qquad (6-3)$$

$$m_3 > r_3 \qquad (6-4)$$

即居民在获得政府购房补贴后，购买限价房的成本小于在保障房体制外购买同样一套普通商品房所花费的成本，且如果瞒报资产变动，将面临大于补贴力度的更严厉的惩罚时，居民的理性选择将是腾退经适房，购买限价房。

（三）腾退限价房购买商品房的补贴退出机制设计

当居民收入水平超过 t_3，将退出保障房系统，需要在通过商品房市场购买住房满足住房需求。图 6-2 中，IK 为商品房实际售价水平，因近几年北京市商品房售价过高，在前文实证分析中也证实了这一结论。因此，当收入水平略高于 t_3 水平的居民退出保障房系统，因房价过高而无能力购买商品房，这部分居民就成为了保障房体系与商品房市场的夹心层群体。因此，政府需要通过税收等经济手段抑制房价，通过向购房人提供低息的住房贷款增强其购房能力等方法，使普通商品房的相对价格由 IK 拉低到 GH 的水平，目的是使收入略高于 t_3 水平居民退出保障房体系后有能力购得商品房，避免夹心层群体的出现。

根据这一思路，设对腾退限价房购买普通商品房的居民的补贴为 r_4，C_4 为普通商品房总购置成本，P_4 为同等居住条件下普通商品房的市场价格，设 α 为政府给购房居民提供的低息购房贷款，β 为政府通过税收等方式对房价的抑制效用，A 为住房使用面积，$A \times 1.33$ 为住房建筑面积，如果居民收入超过 t_3 水平而隐瞒资产变动情况，拒不退出经适房的将给予惩罚，惩罚系数为 m_4，当满足：

$$C_4(\alpha) - r_4 \times A \times 1.33 < P_4(\beta) \times A \times 1.33 \qquad (6-5)$$

$$m_4 > r_4 \qquad (6-6)$$

即一方面政府给购房居民提供的低息购房贷款增强其购房能力,同时提供 r_4 水平的补贴降低了居民的购房成本;另一方面政府通过税收等经济手段对房价进行抑制,使房价控制在居民可以消费的 $P_4(\beta)$ 水平。这时候限价房的持有者在收入水平提高后在低息购房贷款和政府补贴下购房成本若小于在商品房市场上直接购买同样一套住房所花费的成本,且如果瞒报资产变动,将面临大于补贴力度的更严厉的惩罚时,居民的理性选择将是腾退限价房,购买居住条件更好的普通商品房。

综上所述,保障房梯度补贴动态退出机制模型可以表示为:

$$\begin{cases} C_2 - r_2 \times A \times 1.33 < P_2 \times A \times 1.33, & m_2 > r_2 \\ C_3 - r_3 \times A \times 1.33 < P_3 \times A \times 1.33, & m_3 > r_3 \\ C_4(\alpha) - r_4 \times A \times 1.33 < P_4(\beta) \times A \times 1.33, & m_4 > r_4 \end{cases} \quad (6-7)$$

式(6-7)的保障房梯度补贴动态退出机制设计在 r_2、r_3、r_4、m_2、m_3、m_4 的设定,以及低息购房贷款 α 的利率水平、政府税收调控 β 具体措施等方面有待进一步研讨。

第三节 存在夹心层群体的保障房退出机制设计

前文的论述中证明了在现行保障房制度下存在一定比例的夹心层群体,因收入水平决定的消费能力差异,使其被排斥在保障房体系和商品房市场之外,或是存在于保障房体系内部。这部分夹心层群体实际上成为住房"最困难"群体。如图6-3所示。

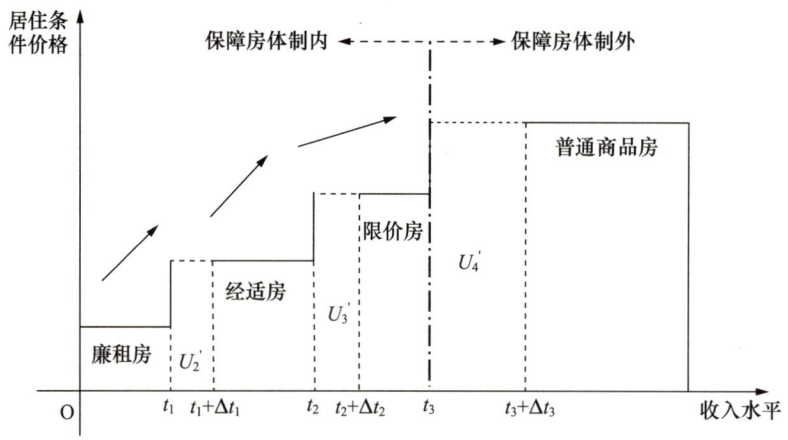

图6-3 存在夹心层群体的保障房退出机制设计

根据保障房制度要求，经适房、限价房部分具备普通商品房的属性，即居民可以获得住房的有限产权。也就是说，当收入水平为 $t \in (t_1, t_2]$ 和 $t \in (t_2, t_3]$ 的居民有权申购经适房和限价房，但不同于廉租房的低价配租，经适房和限价房的销售是有基本售价的，虽然这个售价比同样的普通商品房的售价低很多，但对于收入水平略高于 t_1、t_2 的居民来说可能也会超出其支付能力，使其成为保障房体制内的夹心层群体。

在图 6-3 中，假设经适房和限价房的售价对应的居民收入水平为 $t_1 + \Delta t_1$、$t_2 + \Delta t_2$，则 U'_2 和 U'_3 部分的居民比例即为保障房体制内的夹心层群体人数比例。类似的，若普通商品房售价对应的居民收入水平为 $t_3 + \Delta t_3$，则 U'_4 对应的人数比例则为保障房与商品房市场之间的夹心层群体人数比例。

在有夹心层群体存在的保障性住房退出机制的设计中，可以考虑两种思路：

第一，通过调整保障房收入准入标准消除夹心层群体，然后按照梯度补贴动态退出机制的设计展开保障房腾退工作。根据经适房、限价房和普通商品房的价格，结合房价收入配比公式，计算出房价对应的居民收入，基于这一收入水平调整现行的"三房"准入标准，若将准入标准分别调整到 $t_1 + \Delta t_1$、$t_2 + \Delta t_2$、$t_3 + \Delta t_3$ 水平，则夹心层群体问题即被解决，再根据梯度补贴动态退出机制的构想开展腾退工作。

第二，通过加大梯度补贴力度，即提高 r_2、r_3、r_4 的水平，通过补贴使 U'_2、U'_3、U'_4 部分的居民购房能力提高，使其可以购得相应的经适房、限价房和普通商品房，满足不同水平的居住需求。

第四节 本章小结

本章研究结论归结为：

第一，对北京市保障房制度监督管理政策进行总结归纳。廉租房、经适房、限价房承租人和申购人要严格执行资产申报，接受相关政府部门的资产变动状况核查。其中，廉租房、经适房在申请时执行"三级审核、二级公示"制度，确保中低收入住房困难家庭可以获得住房保障，严格抵制隐瞒资产，弄虚作假等骗保行为。经适房和限价房 5 年内出售的由政府在住房原价基础上扣除折旧损耗后优先回购，已满 5 年的按一定比例征收土地溢价，或按同等商品房售价补交房款后可依照普通商品房产权形式处置。

第二，提出保障房梯度补贴动态退出机制的理论基础。包括住房过滤理论、住房供求关系与住房需求理论、居民收入的住房消费比例与需要层次理论。住房过滤理论对保障房梯度补贴动态退出机制从居民收入水平与住房需求关系、保障房"三房"基本保障模式之间腾退衔接两方面给出理论解释；住房供求关系与住房需求理论的分析主要通过收入价格弹性分析住房的供求关系，通过住房价格需求理论分析保障房存在的必要性，作为针对保障房体系与商品房市场合理对接构想的理论基础；居民收入的住房消费比例与需要层次理论为保障房梯度补贴动态退出机制的多层次保障房模式存在的必要性提供了理论支持。

第三，提出保障房梯度补贴动态退出机制模型。分别从腾退廉租房申购经适房、腾退经适房申购限价房、腾退限价房购买普通商品房三个阶段，提出梯度补贴动态退出机制的原理和实现条件。

第四，针对存在于保障房体制内、保障房和商品房市场之间的夹心层群体的保障房退出机制设计，即两种思路：一是通过调整保障房"三房"准入标准先行解决夹心层群体问题，然后按照保障房梯度补贴动态退出机制进行保障房体系内的不同保障房模式的腾退转换，以及保障房体系和商品房市场间的合理对接；二是通过加大政府补贴力度，增强夹心层群体的购房能力。

附　录

附录1

第五章第二节对廉租房资金需求量计算，以 R 软件生成随机数，代码如下（以 2009 年为例）：

```
#===========================
p < -69977              #人口数　=
xmin < -0               #区间下限 =
xmax < -6960            #区间上限 =
a < -4.74383            #形状参数 =
b < -6576.03            #尺度参数 =
#===========================
result < -c ()
lr < -length (result)
while (lr < p)
{
  temp < -rgamma (1, shape = a, scale = b)
  if (temp < xmax & temp > xmin)
  {
    result [lr + 1] < -temp
    lr < -length (result)
  }
}
```

随机数生成变量表

年份	区间下限	区间上限	形状参数	位置参数	随机数个数
2009	0	6960	4.73483	6576.03	69977
2010	0	6960	5.24206	6426.91	39184
2011	0	11520	4.59472	8234.89	252132

附录 2

北京市廉租住房政策文件汇总表

发布时间	名称	要点
2001年9月29日	关于印发《北京市城市廉租住房管理办法》的通知（京政发〔2007〕26号）	对供应对象、保障方式、资金来源、房源筹集、审核与分配、监督管理方面做出规定
2007年11月13日	关于印发《北京市城市廉租住房申请、审核及配租管理办法》的通知（京建住〔2007〕1176号）	申请条件明确实物配租和租赁补贴形式，规定低保家庭月补贴数额公式，以及其他低收入家庭补贴数额、最低和最高限额标准，实物配租形式全额报账表
2008年6月5日	北京市人民政府办公厅转发市建委关于2007年底前对本市申请廉租住房租赁补贴的住房困难城市低保家庭实现应保尽保加大廉租住房建设力度工作方案的通知（京政办发〔2007〕69号）	要求低保家庭未加入廉租房保障的提出保障申请，房源筹集可以由政府租房，再以廉租房价格租给低收入家庭，租金差价市区两级政府按8:2分担
2008年6月5日	关于印发《北京市廉租住房、经济适用住房家庭收入、住房、资产准入标准》的通知（京建住〔2007〕1129号）	廉租房申请人家庭总资产净值的认定方法，规定了家庭收入、人均住房使用面积和家庭总资产的准入标准
2008年6月5日	关于调整北京市廉租住房租房补贴标准有关问题的通知（京建住〔2007〕1213号）	人均住房使用面积每平方米每月补贴标准40元，最低标准550元，最高1500元，资金由市区两级政府按8:2比例拨付，市区部分租金高出的部分由区财政负担
2008年6月5日	市财政局、市建委、市国土局关于印发《北京市关于落实城镇廉租住房保障资金实施意见的通知》的通知（京财经二〔2006〕3070号）	资金来源为政府财政预算，住房公积金增值收益部分，土地出让金净收益中费用扣除后3%~5%的比例投入，城区市区政府按8:2比例拨付，远郊区按7:3拨付，并鼓励社会多渠道资金保障
2008年7月16日	关于北京市廉租住房、经济适用住房和限价商品住房申请审核有关问题的通知（京住综字〔2008〕35号）	"三房"执行中新问题的解释说明，对已购公房在上市最低计税价格表，汽车交易价格计算公式，入户调查内容

续表

发布时间	名称	要点
2010年7月29日	关于调整本市廉租住房家庭收入准入标准有关问题的通知（京建发［2010］434号）	家庭收入标准调整为城六区低于960元/月，远郊区低于731元/月
2010年8月3日	关于廉租住房实物配租管理若干问题的通知（京建住［2009］536号）	实物配租加大配给力度，条件放宽，承租家庭应交租金计算公式，月租金标准计算公式
2010年8月3日	关于廉租实物住房租金标准有关问题的通知（京建住［2009］925号）	家庭实缴月租金公式，月租金标准计算公式
2010年8月3日	关于印发《北京市廉租住房资金管理实施办法》的通知	保障资金来源的六个渠道，资金使用收支两条线，租金严格管理
2010年9月29日	关于加强廉租住房、经济适用住房和限价商品住房审核配租配售管理等问题的通知（京建发［2010］523号）	房屋腾退的规定
2010年12月31日	关于进一步加强我市廉租住房建设和管理的若干意见	房源筹集以配建为主，其他形式为辅，后期管理租金使用一卡通扣款，承租家庭安排参与保洁、保安等工作
2011年2月11日	关于城市低保标准调整后相应调整廉租家庭租房补贴及实缴月租金问题的通知（京住发字［2011］11号）	低保标准由430元调整为480元，租房补贴和月租金做相应调整

附录3

北京市经济适用房政策文件汇总表

发布时间	名称	要点
2007年9月29日	北京市人民政府关于印发《北京市经济适用住房管理办法（试行）》的通知	对原则，供应对象，房源筹集方式，审核与销售及监督管理制度的规定
2007年11月13日	关于印发《北京市经济适用住房购买资格申请审核及配售管理办法》的通知（京建住〔2007〕1175号）	申请条件，具体配售方案
2008年6月5日	关于印发《北京市廉租住房、经济适用住房家庭收入、住房、资产准入标准》的通知（京建住〔2007〕1129号）	具体准入标准的规定
2008年6月5日	关于已购经济适用住房上市出售有关问题的通知（京建住〔2008〕225号）	购房未满5年，政府原价回购，已满5年的按土地溢价的70%补缴土地收益等价款，通知发布前的按售价10%补缴
2008年7月16日	关于北京市廉租住房、经济适用住房和限价商品住房申请审核有关问题的通知（京住综字〔2008〕35号）	"三房"执行中新问题的解释说明，对已购公房在上市最低计税价格表，汽车交易价格计算公式，入户调查内容
2010年8月3日	关于已购经济适用住房上市出售具体问题的通知（京建住〔2009〕255号）	对接工程被迁居民和2008年4月11日前签合同的家庭经适房出售的按售价10%补缴土地收益
2010年9月29日	关于加强廉租住房、经济适用住房和限价商品住房审核配租配售管理等问题的通知（京建发〔2010〕523号）	房屋腾退办法的规定
2010年10月13日	关于印发《北京市经济适用住房、限价商品住房申请家庭原住房腾退办法》的通知（京住保〔2010〕30号）	原住房的定义，腾退工作3点原则

附录 4

北京市限价商品房政策文件汇总表

发布时间	名称	要点
2008年6月5日	北京市人民政府关于印发《北京市限价商品住房管理办法（试行）》的通知（京政发［2008］8号）	总则，项目建设选址、套型面积和售价的规定，供应对象，资格审核，房源分配与销售的规定
2008年6月5日	关于印发《北京市限价商品住房申购家庭收入、住房和资产准入标准及已购限价商品住房上市交易补缴比例》的通知（京建住［2008］226号）	具体准入标准，购房满5年按同地段商品房差价35%上缴土地收益价款
2008年6月5日	关于印发《北京市限价商品住房购买资格申请审核及配售管理办法》的通知（京建住［2008］223号）	供应对象为中等收入住房困难家庭，申请条件，对自愿放弃经适房的家庭优先配售，轮候配售制度和配售户型的规定
2010年9月29日	关于加强廉租住房、经济适用住房和限价商品住房审核配租配售管理等问题的通知（京建发［2010］523号）	房屋腾退的规定
2010年10月13日	关于印发《北京市经济适用住房、限价商品住房申请家庭原住房腾退办法》的通知（京住保［2010］30号）	原住房的定义，腾退工作3点原则

附录5

北京市公共租赁住房政策文件汇总表

发布时间	名称	要点
2010年8月3日	关于印发《北京市公共租赁住房管理办法（试行）》的通知（京建住〔2009〕525号）	对总则，房源筹集方式，供应对象，租赁管理细则做出规定
2010年12月6日	关于加快发展公共租赁住房的指导意见（建保〔2010〕87号）	供应对象为收入水平中等偏下住房困难家庭，房屋建筑面积60平方米以下，政府给予优惠性的土地供应计划，资金采取收支两条线管理
2010年12月6日	关于支持公共租赁住房建设和运营有关税收优惠政策的通知（财税〔2010〕88号）	对公租房的建设运营中一系列的税费减免和政策倾斜
2011年10月19日	北京市人民政府关于加强本市公共租赁住房建设和管理的通知（京政发〔2011〕61号）	通过政府建设，产业园区建设，社会单位投资机构和房地产开发企业等多种形式加快建设速度
2012年1月17日	北京市公共租赁住房申请、审核及配租管理办法（京建法〔2011〕25号）	明确申请条件和配租方案

附录6

北京市保障房总则文件汇总表

发布时间	名称	要点
2007年12月2日	国务院关于解决城市低收入家庭住房困难的若干意见（国发〔2007〕24号）	以廉租房为主多渠道解决低收入家庭住房困难，分阶段工作目标，货币补贴和实物配租为主的保障方式，廉租房建筑面积小于50平方米，资金来源保障。经适房保障对象与廉租房衔接，建筑面积60平方米以下，严格上市交易管理
2008年6月5日	中共北京市委北京市人民政府关于贯彻落实《国务院关于解决城市低收入家庭住房困难的若干意见》的实施意见（京发〔2007〕22号）	工作目标，夹心层问题，廉租房保障方式，单套建筑面积50平方米以下，建立经适房标准动态调节机制，建筑面积小于60平方米，土地划拨方式等规定
2008年6月5日	关于公布《北京市2008年住房建设计划》的通知（京建住〔2008〕66号）	指导思想，建设目标，住房供应结构比例，保障房供地方案
2008年6月5日	关于公布北京市2009年住房建设计划的通知（京建住〔2008〕235号）	购房未满5年，政府原价回购，已满5年的按土地溢价的70%补缴土地收益等价款，通知发布前的按售价10%补缴
2013年2月4日	北京市住房和城乡建设委员会关于规范保障性住房资格审核街道（乡镇）初审环节民主评议制度有关工作的通知（京建发〔2012〕195号）	对保障房初审环节实行民主评议
2013年6月2日	北京市住房和城乡建设委员会关于调整本市社会救助相关标准后做好住房保障相关衔接工作的通知	城乡低收入认定标准为家庭人均月收入低于740元，低保标准由520元调整为580元后保障房标准的衔接问题

附录7

国务院关于进一步深化城镇住房制度改革加快住房建设的通知

（国发〔1998〕23号）

各省、自治区、直辖市人民政府，国务院各部委、各直属机构：

为贯彻党的十五大精神，进一步深化城镇住房制度改革，加快住房建设，现将有关问题通知如下：

一、指导思想、目标和基本原则

（一）深化城镇住房制度改革的指导思想是：稳步推进住房商品化、社会化，逐步建立适应社会主义市场经济体制和我国国情的城镇住房新制度；加快住房建设，促使住宅业成为新的经济增长点，不断满足城镇日益增长的住房需求。

（二）深化城镇住房制度改革的目标是：停止住房实物分配，逐步实行住房分配货币化；建立和完善以经济适用住房为主的多层次城镇住房供应体系；发展住房金融，培育和规范住房交易市场。

（三）深化城镇住房制度改革工作的基本原则是：坚持在国家统一政策目标指导下，地方分别决策，因地制宜，量力而行；坚持国家、单位和个人合理负担；坚持"新房新制度、老房老办法"，平稳过渡，综合配套。

二、停止住房实物分配，逐步实行住房分配货币化

（四）1998年下半年开始停止住房实物分配，逐步实行住房分配货币化，具体时间、步骤由各省、自治区、直辖市人民政府根据本地实际确定。停止住房实物分配后，新建经济适用住房原则上只售不租。职工购房资金来源主要有：职工工资，住房公积金，个人住房贷款，以及有的地方由财政、单位原有住房建设资金转化的住房补贴等。

（五）全面推行和不断完善住房公积金制度。到1999年底，职工个人和单位住房公积金的缴纳率应不低于5%，有条件的地区可适当提高。要建立健全职工个人住房公积金账户，进一步提高住房公积金的归集率，继续按照"房委会决策，中心运作，银行专户，财政监督"的原则，加强住房公积金管理工作。

（六）停止住房实物分配后，房价收入比（即本地区一套建筑面积为60平方米的经济适用住房的平均价格与双职工家庭年平均工资之比）在4倍以上，且

财政、单位原有住房建设资金可转化为住房补贴的地区，可以对无房和住房面积人均未达到规定标准的职工实行住房补贴。住房补贴的具体办法，由市（县）人民政府根据本地实际情况制订，报省、自治区、直辖市人民政府批准后执行。

三、建立和完善以经济适用住房为主的住房供应体系

（七）对不同收入家庭实行不同的住房供应政策。最低收入家庭租赁由政府或单位提供的廉租住房；中低收入家庭购买经济适用住房；其他收入高的家庭购买、租赁市场价商品住房。住房供应政策具体办法，由市（县）人民政府制定。

（八）调整住房投资结构，重点发展经济适用住房（安居工程），加快解决城镇住房困难居民的住房问题。新建的经济适用住房出售价格实行政府指导价，按保本微利原则确定。其中经济适用住房的成本包括征地和拆迁补偿费、勘察设施和前期工程费、建安工程费、住宅小区基础设施建设费（含小区非营业性配套公建费）、管理费、贷款利息和税金7项因素，利润控制在3%以下。要采取有效措施，取消各种不合理收费，特别是降低征地和拆迁补偿费，切实降低经济适用住房建设成本，使经济适用住房价格与中低收入家庭的承受能力相适应，促进居民购买住房。

（九）廉租住房可以从腾退的旧公有住房中调剂解决，也可以由政府或单位出资兴建。廉租住房的租金实行政府定价。具体标准由市（县）人民政府制定。

（十）购买经济适用住房和承租廉租住房实行申请、审批制度。具体办法由市（县）人民政府制定。

四、继续推进现有公有住房改革，培育和规范住房交易市场

（十一）按照《国务院关于深化城镇住房制度改革的决定》（国发［1994］43号，以下简称《决定》）规定，继续推进租金改革。租金改革要考虑职工的承受能力，与提高职工工资相结合。租金提高后，对家庭确有困难的离退休职工、民政部门确定的社会救济对象和非在职的优抚对象等，各地可根据实际情况制定减、免政策。

（十二）按照《决定》规定，进一步搞好现有公有住房出售工作，规范出售价格。从1998年下半年起，出售现有公有住房，原则上实行成本价，并与经济适用住房房价相衔接。要保留足够的公有住房供最低收入家庭廉价租赁。

校园内不能分割及封闭管理的住房不能出售，教师公寓等周转用房不得出售。具体办法按教育部、建设部有关规定执行。

（十三）要在对城镇职工家庭住房状况进行认真普查，清查和纠正住房制度改革过程中的违纪违规行为，建立个人住房档案，制定办法，先行试点的基础上，并经省、自治区、直辖市人民政府批准，稳步开放已购有住房和经济适用住房的交易市场。已购公有住房和经济适用住房上市交易实行准入制度，具体办法由建设部会同有关部门制定。

五、采取扶持政策，加快经济适用住房建设

（十四）经济适用住房建设应符合土地利用总体规划和城市总体规划，坚持合理利用土地、节约用地的原则。经济适用住房建设用地应在建设用地年度计划中统筹安排，并采取行政划拨方式供应。

（十五）各地可以从本地实际出发，制定对经济适用住房建设的扶持政策。要控制经济适用住房设计和建设标准，大力降低征地拆迁费用，理顺城市建设配套资金来源，控制开发建设利润。停止征收商业网点建设费，不再无偿划拨经营性公建设施。

（十六）经济适用住房的开发建设应实行招标投标制度，用竞争方式确定开发建设单位。要严格限制工程环节的不合理转包，加强对开发建设企业的成本管理和监控。

（十七）在符合城市总体规划和坚持节约用地的前提下，可以继续发展集资建房和合作建房，多渠道加快经济适用住房建设。

（十八）完善住宅小区的竣工验收制度，推行住房质量保证书制度、住房和设备及部件的质量赔偿制度和质量保险制度，提高住房工程质量。

（十九）经济适用住房建设要注重节约能源，节约原材料。应加快住宅产业现代化的步伐，大力推广性能好、价格合理的新材料和住宅部件，逐步建立标准化、集约化、系列化的住宅部件、配件生产供应方式。

六、发展住房金融

（二十）扩大个人住房贷款的发放范围，所有商业银行在所有城镇均可发放个人住房贷款。取消对个人住房贷款的规模限制，适当放宽个人住房贷款的贷款期限。

（二十一）对经济适用住房开发建设贷款，实行指导性计划管理。商业银行在资产负债比例管理要求内，优先发放经济适用住房开发建设贷款。

（二十二）完善住房产权抵押登记制度，发展住房贷款保险，防范贷款风险，保证贷款安全。

（二十三）调整住房公积金贷款方向，主要用于职工个人购买、建造、大修理自住住房贷款。

（二十四）发展住房公积金贷款与商业银行贷款相结合的组合住房贷款业

务。住房资金管理机构和商业银行要简化手续，提高服务效率。

七、加强住房物业管理

（二十五）加快改革现行的住房维修、管理体制，建立业主自治与物业管理企业专业管理相结合的社会化、专业化、市场化的物业管理体制。

（二十六）加强住房售后的维修管理，建立住房共用部位、设备和小区公共设施专项维修资金，并健全业主对专项维修资金管理和使用的监督制度。

（二十七）物业管理企业要加强内部管理，努力提高服务质量，向用户提供质价相符的服务，不得只收费不服务或多收费少服务，切实减轻住房负担。物业管理要引入竞争机制，促进管理水平的提高。有关主管部门要加强对物业管理企业的监管。

八、加强领导，统筹安排，保证改革的顺利实施

（二十八）各级地方人民政府要切实加强对城镇住房制度改革工作的领导。各地可根据本通知精神，结合本地区实际制定具体的实施方案，报经省、自治区、直辖市人民政府批准后实施。建设部要会同有关部门根据本通知要求抓紧制定配套政策，并加强对地方工作的指导和监督。

（二十九）加强舆论引导，做好宣传工作，转变城镇居民住房观念，保证城镇住房制度改革的顺利实施。

（三十）严肃纪律，加强监督检查。对违反《决定》和本通知精神，继续实行无偿实物分配住房，低价出售公有住房，变相增加住房补贴，用成本价或低于成本价超标出售、购买公有住房，公房私租牟取暴利等行为，各级监察部门要认真查处，从严处理。国务院责成建设部会同监察部等有关部门监督检查本通知的贯彻执行情况。

本通知自发布之日起实行。原有的有关政策和规定，凡与本通知不一致的，一律以本通知为准。

中华人民共和国国务院
一九九八年七月三日

附录 8

国务院关于促进房地产市场持续健康发展的通知

（国发〔2003〕18号）

各省、自治区、直辖市人民政府，国务院各部委、各直属机构：

《国务院关于进一步深化城镇住房制度改革加快住房建设的通知》（国发〔1998〕23号）发布5年来，城镇住房制度改革深入推进，住房建设步伐加快，住房消费有效启动，居民住房条件有了较大改善。以住宅为主的房地产市场不断发展，对拉动经济增长和提高人民生活水平发挥了重要作用。同时应当看到，当前我国房地产市场发展还不平衡，一些地区住房供求的结构性矛盾较为突出，房地产价格和投资增长过快；房地产市场服务体系尚不健全，住房消费还需拓展；房地产开发和交易行为不够规范，对房地产市场的监管和调控有待完善。为促进房地产市场持续健康发展，现就有关问题通知如下：

一、提高认识，明确指导思想

（一）充分认识房地产市场持续健康发展的重要意义。房地产业关联度高，带动力强，已经成为国民经济的支柱产业。促进房地产市场持续健康发展，是提高居民住房水平，改善居住质量，满足人民群众物质文化生活需要的基本要求；是促进消费，扩大内需，拉动投资增长，保持国民经济持续快速健康发展的有力措施；是充分发挥人力资源优势，扩大社会就业的有效途径。实现房地产市场持续健康发展，对于全面建设小康社会，加快推进社会主义现代化具有十分重要的意义。

（二）进一步明确房地产市场发展的指导思想。要坚持住房市场化的基本方向，不断完善房地产市场体系，更大程度地发挥市场在资源配置中的基础性作用；坚持以需求为导向，调整供应结构，满足不同收入家庭的住房需要；坚持深化改革，不断消除影响居民住房消费的体制性和政策性障碍，加快建立和完善适合我国国情的住房保障制度；坚持加强宏观调控，努力实现房地产市场总量基本平衡，结构基本合理，价格基本稳定；坚持在国家统一政策指导下，各地区因地制宜，分别决策，使房地产业的发展与当地经济和社会发展相适应，与相关产业相协调，促进经济社会可持续发展。

二、完善供应政策，调整供应结构

（三）完善住房供应政策。各地要根据城镇住房制度改革进程、居民住房状况和收入水平的变化，完善住房供应政策，调整住房供应结构，逐步实现多数家庭购买或承租普通商品住房；同时，根据当地情况，合理确定经济适用住房和廉租住房供应对象的具体收入线标准和范围，并做好其住房供应保障工作。

（四）加强经济适用住房的建设和管理。经济适用住房是具有保障性质的政策性商品住房。要通过土地划拨、减免行政事业性收费、政府承担小区外基础设施建设、控制开发贷款利率、落实税收优惠政策等措施，切实降低经济适用住房建设成本。对经济适用住房，要严格控制在中小套型，严格审定销售价格，依法实行建设项目招投标。经济适用住房实行申请、审批和公示制度，具体办法由市（县）人民政府制定。集资、合作建房是经济适用住房建设的组成部分，其建设标准、参加对象和优惠政策，按照经济适用住房的有关规定执行。任何单位不得以集资、合作建房名义，变相搞实物分房或房地产开发经营。

（五）增加普通商品住房供应。要根据市场需求，采取有效措施加快普通商品住房发展，提高其在市场供应中的比例。对普通商品住房建设，要调控土地供应，控制土地价格，清理并逐步减少建设和消费的行政事业性收费项目，多渠道降低建设成本，努力使住房价格与大多数居民家庭的住房支付能力相适应。

（六）建立和完善廉租住房制度。要强化政府住房保障职能，切实保障城镇最低收入家庭基本住房需求。以财政预算资金为主，多渠道筹措资金，形成稳定规范的住房保障资金来源。要结合当地财政承受能力和居民住房的实际情况，合理确定保障水平。最低收入家庭住房保障原则上以发放租赁补贴为主，实物配租和租金核减为辅。

（七）控制高档商品房建设。各地要根据实际情况，合理确定高档商品住房和普通商品住房的划分标准。对高档、大户型商品住房以及高档写字楼、商业性用房积压较多的地区，要控制此类项目的建设用地供应量，或暂停审批此类项目。也可以适当提高高档商品房等开发项目资本金比例和预售条件。

三、改革住房制度，健全市场体系

（八）继续推进现有公房出售。对能够保证居住安全的非成套住房，可根据当地实际情况向职工出售。对权属有争议的公有住房，由目前房屋管理单位出具书面具结保证后，向职工出售。对因手续不全等历史遗留问题影响公有住房出售和权属登记发证的，由各地制定政策，明确界限，妥善处理。

（九）完善住房补贴制度。要严格执行停止住房实物分配的有关规定，认真核定住房补贴标准,并根据补贴资金需求和财力可能,加大住房补贴资金筹集力度,切实推动住房补贴发放工作。对直管公房和财政负担单位公房出售的净收入,要按照收支两条线管理的有关规定,统筹用于发放住房补贴。

(十)搞活住房二级市场。要认真清理影响已购公有住房上市交易的政策性障碍,鼓励居民换购住房。除法律、法规另有规定和原公房出售合同另有约定外,任何单位不得擅自对已购公有住房上市交易设置限制条件。各地可以适当降低已购公有住房上市出售土地收益缴纳标准;以房改成本价购买的公有住房上市出售时,原产权单位原则上不再参与所得收益分配。要依法加强房屋租赁合同登记备案管理,规范发展房屋租赁市场。

(十一)规范发展市场服务。要健全房地产中介服务市场规则,严格执行房地产经纪人、房地产估价师执(职)业资格制度,为居民提供准确的信息和便捷的服务。规范发展住房装饰装修市场,保证工程质量。贯彻落实《物业管理条例》,切实改善住房消费环境。

四、发展住房信贷,强化管理服务

(十二)加大住房公积金归集和贷款发放力度。要加强住房公积金归集工作,大力发展住房公积金委托贷款,简化手续,取消不合理收费,改进服务,方便职工贷款。

(十三)完善个人住房贷款担保机制。要加强对住房置业担保机构的监管,规范担保行为,建立健全风险准备金制度,鼓励其为中低收入家庭住房贷款提供担保。对无担保能力和担保行为不规范的担保机构,要加快清理,限期整改。加快完善住房置业担保管理办法,研究建立全国个人住房贷款担保体系。

(十四)加强房地产贷款监管。对符合条件的房地产开发企业和房地产项目,要继续加大信贷支持力度。同时要加强房地产开发项目贷款审核管理,严禁违规发放房地产贷款;加强对预售款和信贷资金使用方向的监督管理,防止挪作他用。要加快建立个人征信系统,完善房地产抵押登记制度,严厉打击各种骗贷骗资行为。要妥善处理过去违规发放或取得贷款的项目,控制和化解房地产信贷风险,维护金融稳定。

五、改进规划管理,调控土地供应

(十五)制定住房建设规划和住宅产业政策。各地要编制并及时修订完善房地产业和住房建设发展中长期规划,加强对房地产业发展的指导。要充分考虑城镇化进程所产生的住房需求,高度重视小城镇住房建设问题。制定和完善住宅产业的经济、技术政策,健全推进机制,鼓励企业研发和推广先进适用的建筑成套技术、产品和材料，促进住宅产业现代化。完善住宅性能认定和住宅部品认证、淘汰的制度。坚持高起点规划、高水平设计，注重住宅小区的生态环境建设和住宅内部功能设计。

（十六）充分发挥城乡规划的调控作用。在城市总体规划和近期建设规划中，要合理确定各类房地产用地的布局和比例，优先落实经济适用住房、普通商品住房、危旧房改造和城市基础设施建设中的拆迁安置用房建设项目，并合理配置市政配套设施。各类开发区以及撤市（县）改区后的土地，都要纳入城市规划统一管理。严禁下放规划审批权限，对房地产开发中各种违反城市规划法律法规的行为，要依法追究有关责任人的责任。

（十七）加强对土地市场的宏观调控。各地要健全房地产开发用地计划供应制度，房地产开发用地必须符合土地利用总体规划和年度计划，严格控制占用耕地，不得下放土地规划和审批权限。利用原划拨土地进行房地产开发的，必须纳入政府统一供地渠道，严禁私下交易。土地供应过量、闲置建设用地过多的地区，必须限制新的土地供应。普通商品住房和经济适用住房供不应求、房价涨幅过大的城市，可以按规定适当调剂增加土地供应量。

六、加强市场监管，整顿市场秩序

（十八）完善市场监管制度。加强对房地产企业的资质管理和房地产开发项目审批管理，严格执行房地产开发项目资本金制度、项目手册制度，积极推行业主工程款支付担保制度。支持具有资信和品牌优势的房地产企业通过兼并、收购和重组，形成一批实力雄厚、竞争力强的大型企业和企业集团。严格规范房地产项目转让行为。已批准的房地产项目，确需变更用地性质和规划指标的，必须按规定程序重新报批。

（十九）建立健全房地产市场信息系统和预警预报体系。要加强房地产市场统计工作，完善全国房地产市场信息系统，建立健全房地产市场预警预报体系。各地房地产市场信息系统和预警预报体系建设中需要政府承担的费用，由各地财政结合当地信息化系统和电子政务建设一并落实。

（二十）整顿和规范房地产市场秩序。要加大房地产市场秩序专项整治力度，重点查处房地产开发、交易、中介服务和物业管理中的各种违法违规行为。坚决制止一些单位和部门强制消费者接受中介服务以及指定中介服务机构的行为。加快完善房地产信用体系，强化社会监督。采取积极措施，加快消化积压商品房。对空置量大的房地产开发企业，要限制其参加土地拍卖和新项目申报。进一步整顿土地市场秩序，严禁以科技、教育等产业名义取得享受优惠政策的土地后用于房地产开发，严禁任何单位和个人与乡村签订协议圈占土地，使用农村集体土地进行房地产开发。切实加强源头管理,有效遏制并预防住房制度改革和房地产交易中的各种腐败行为。

地方各级人民政府要认真贯彻国家宏观调控政策,从实际出发,完善房地产市场调控办法,建立有效的协调机制,并对本地房地产市场的健康发展负责。省级人民政府要加强对市、县房地产发展工作的指导和监督管理。国务院有关部门要各司其职,分工协作,加强对各地特别是问题突出地区的指导和督查。国家发展改革、财政、国土、银行、税务等部门要调整和完善相关的政策措施。建设部要会同有关部门抓紧制定经济适用住房管理、住房补贴制度监督、健全房地产市场信息系统和预警预报体系、建立全国个人住房贷款担保体系等方面的实施办法,指导各地具体实施并负责对本通知贯彻落实情况的监督检查。

国务院
二〇〇三年八月十二日

附录 9

国务院关于解决城市低收入家庭住房困难的若干意见

(国务院〔2007〕24 号文件)

各省、自治区、直辖市人民政府，国务院各部委、各直属机构：

住房问题是重要的民生问题。党中央、国务院高度重视解决城市居民住房问题，始终把改善群众居住条件作为城市住房制度改革和房地产业发展的根本目的。20 多年来，我国住房制度改革不断深化，城市住宅建设持续快速发展，城市居民住房条件总体上有了较大改善。但也要看到，城市廉租住房制度建设相对滞后，经济适用住房制度不够完善，政策措施还不配套，部分城市低收入家庭住房还比较困难。为切实加大解决城市低收入家庭住房困难工作力度，现提出以下意见：

一、明确指导思想、总体要求和基本原则

（一）指导思想。以邓小平理论和"三个代表"重要思想为指导，深入贯彻落实科学发展观，按照全面建设小康社会和构建社会主义和谐社会的目标要求，把解决城市（包括县城，下同）低收入家庭住房困难作为维护群众利益的重要工作和住房制度改革的重要内容，作为政府公共服务的一项重要职责，加快建立健全以廉租住房制度为重点、多渠道解决城市低收入家庭住房困难的政策体系。

（二）总体要求。以城市低收入家庭为对象，进一步建立健全城市廉租住房制度，改进和规范经济适用住房制度，加大棚户区、旧住宅区改造力度，力争到"十一五"期末，使低收入家庭住房条件得到明显改善，农民工等其他城市住房困难群体的居住条件得到逐步改善。

（三）基本原则。解决低收入家庭住房困难，要坚持立足国情，满足基本住房需要；统筹规划，分步解决；政府主导，社会参与；统一政策，因地制宜；省级负总责，市县抓落实。

二、进一步建立健全城市廉租住房制度

（四）逐步扩大廉租住房制度的保障范围。城市廉租住房制度是解决低收入家庭住房困难的主要途径。2007 年底前，所有设区的城市要对符合规定住房困难条件、申请廉租住房租赁补贴的城市低保家庭基本做到应保尽保；2008 年底

前，所有县城要基本做到应保尽保。"十一五"期末，全国廉租住房制度保障范围要由城市最低收入住房困难家庭扩大到低收入住房困难家庭；2008年底前，东部地区和其他有条件的地区要将保障范围扩大到低收入住房困难家庭。

（五）合理确定廉租住房保障对象和保障标准。廉租住房保障对象的家庭收入标准和住房困难标准，由城市人民政府按照当地统计部门公布的家庭人均可支配收入和人均住房水平的一定比例，结合城市经济发展水平和住房价格水平确定。廉租住房保障面积标准，由城市人民政府根据当地家庭平均住房水平及财政承受能力等因素统筹研究确定。廉租住房保障对象的家庭收入标准、住房困难标准和保障面积标准实行动态管理，由城市人民政府每年向社会公布一次。

（六）健全廉租住房保障方式。城市廉租住房保障实行货币补贴和实物配租等方式相结合，主要通过发放租赁补贴，增强低收入家庭在市场上承租住房的能力。每平方米租赁补贴标准由城市人民政府根据当地经济发展水平、市场平均租金、保障对象的经济承受能力等因素确定。其中，对符合条件的城市低保家庭，可按当地的廉租住房保障面积标准和市场平均租金给予补贴。

（七）多渠道增加廉租住房房源。要采取政府新建、收购、改建以及鼓励社会捐赠等方式增加廉租住房供应。小户型租赁住房短缺和住房租金较高的地方，城市人民政府要加大廉租住房建设力度。新建廉租住房套型建筑面积控制在50平方米以内，主要在经济适用住房以及普通商品住房小区中配建，并在用地规划和土地出让条件中明确规定建成后由政府收回或回购；也可以考虑相对集中建设。积极发展住房租赁市场，鼓励房地产开发企业开发建设中小户型住房面向社会出租。

（八）确保廉租住房保障资金来源。地方各级人民政府要根据廉租住房工作的年度计划，切实落实廉租住房保障资金：一是地方财政要将廉租住房保障资金纳入年度预算安排。二是住房公积金增值收益在提取贷款风险准备金和管理费用之后全部用于廉租住房建设。三是土地出让净收益用于廉租住房保障资金的比例不得低于10%，各地还可根据实际情况进一步适当提高比例。四是廉租住房租金收入实行收支两条线管理，专项用于廉租住房的维护和管理。对中西部财政困难地区，通过中央预算内投资补助和中央财政廉租住房保障专项补助资金等方式给予支持。

三、改进和规范经济适用住房制度

（九）规范经济适用住房供应对象。经济适用住房供应对象为城市低收入住房困难家庭，并与廉租住房保障对象衔接。经济适用住房供应对象的家庭收入标准和住房困难标准，由城市人民政府确定，实行动态管理，每年向社会公布一次。低收入住房困难家庭要求购买经济适用住房的,由该家庭提出申请,有关单位按规定的程序进行审查,对符合标准的,纳入经济适用住房供应对象范围。过去享受过福利分房或购买过经济适用住房的家庭不得再购买经济适用住房。已经购买了经济适用住房的家庭又购买其他住房的,原经济适用住房由政府按规定回购。

(十)合理确定经济适用住房标准。经济适用住房套型标准根据经济发展水平和群众生活水平,建筑面积控制在60平方米左右。各地要根据实际情况,每年安排建设一定规模的经济适用住房。房价较高、住房结构性矛盾突出的城市,要增加经济适用住房供应。

(十一)严格经济适用住房上市交易管理。经济适用住房属于政策性住房,购房人拥有有限产权。购买经济适用住房不满5年,不得直接上市交易,购房人因各种原因确需转让经济适用住房的,由政府按照原价格并考虑折旧和物价水平等因素进行回购。购买经济适用住房满5年,购房人可转让经济适用住房,但应按照届时同地段普通商品住房与经济适用住房差价的一定比例向政府缴纳土地收益等价款,具体缴纳比例由城市人民政府确定,政府可优先回购;购房人向政府缴纳土地收益等价款后,也可以取得完全产权。上述规定应在经济适用住房购房合同中予以明确。政府回购的经济适用住房,继续向符合条件的低收入住房困难家庭出售。

(十二)加强单位集资合作建房管理。单位集资合作建房只能由距离城区较远的独立工矿企业和住房困难户较多的企业,在符合城市规划前提下,经城市人民政府批准,并利用自用土地组织实施。单位集资合作建房纳入当地经济适用住房供应计划,其建设标准、供应对象、产权关系等均按照经济适用住房的有关规定执行。在优先满足本单位住房困难职工购买基础上房源仍有多余的,由城市人民政府统一向符合经济适用住房购买条件的家庭出售,或以成本价收购后用作廉租住房。各级国家机关一律不得搞单位集资合作建房;任何单位不得新征用或新购买土地搞集资合作建房;单位集资合作建房不得向非经济适用住房供应对象出售。

四、逐步改善其他住房困难群体的居住条件

(十三)加快集中成片棚户区的改造。对集中成片的棚户区,城市人民政府要制定改造计划,因地制宜进行改造。棚户区改造要符合以下要求:困难住户的住房得到妥善解决;住房质量、小区环境、配套设施明显改善;困难家庭的负担控制在合理水平。

(十四)积极推进旧住宅区综合整治。对可整治的旧住宅区要力戒大拆大建。

要以改善低收入家庭居住环境和保护历史文化街区为宗旨，遵循政府组织、居民参与的原则，积极进行房屋维修养护、配套设施完善、环境整治和建筑节能改造。

（十五）多渠道改善农民工居住条件。用工单位要向农民工提供符合基本卫生和安全条件的居住场所。农民工集中的开发区和工业园区，应按照集约用地的原则，集中建设向农民工出租的集体宿舍，但不得按商品住房出售。城中村改造时，要考虑农民工的居住需要，在符合城市规划和土地利用总体规划的前提下，集中建设向农民工出租的集体宿舍。有条件的地方，可比照经济适用住房建设的相关优惠政策，政府引导，市场运作，建设符合农民工特点的住房，以农民工可承受的合理租金向农民工出租。

五、完善配套政策和工作机制

（十六）落实解决城市低收入家庭住房困难的经济政策和建房用地。一是廉租住房和经济适用住房建设、棚户区改造、旧住宅区整治一律免收城市基础设施配套费等各种行政事业性收费和政府性基金。二是廉租住房和经济适用住房建设用地实行行政划拨方式供应。三是对廉租住房和经济适用住房建设用地，各地要切实保证供应。要根据住房建设规划，在土地供应计划中予以优先安排，并在申报年度用地指标时单独列出。四是社会各界向政府捐赠廉租住房房源的，执行公益性捐赠税收扣除的有关政策。五是社会机构投资廉租住房或经济适用住房建设、棚户区改造、旧住宅区整治的，可同时给予相关的政策支持。

（十七）确保住房质量和使用功能。廉租住房和经济适用住房建设、棚户区改造以及旧住宅区整治，要坚持经济、适用的原则。要提高规划设计水平，在较小的户型内实现基本的使用功能。要按照发展节能省地环保型住宅的要求，推广新材料、新技术、新工艺。要切实加强施工管理，确保施工质量。有关住房质量和使用功能等方面的要求，应在建设合同中予以明确。

（十八）健全工作机制。城市人民政府要抓紧开展低收入家庭住房状况调查，于2007年底之前建立低收入住房困难家庭住房档案，制订解决城市低收入家庭住房困难的工作目标、发展规划和年度计划，纳入当地经济社会发展规划和住房建设规划，并向社会公布。要按照解决城市低收入家庭住房困难的年度计划，确保廉租住房保障的各项资金落实到位；确保廉租住房、经济适用住房建设用地落实到位，并合理确定区位布局。要规范廉租住房保障和经济适用住房供应的管理，建立健全申请、审核和公示办法，并于2007年9月底之前向社会公布；要严格做好申请人家庭收入、住房状况的调查审核，完善轮候制度，特别是强化廉租住房的年度复核工作，健全退出机制。要严肃纪律，坚决查处弄虚作假等违纪违规行为和有关责任人员，确保各项政策得以公开、公平、公正实施。

（十九）落实工作责任。省级人民政府对本地区解决城市低收入家庭住房困难工作负总责，要对所属城市人民政府实行目标责任制管理，加强监督指导。有关工作情况，纳入对城市人民政府的政绩考核之中。解决城市低收入家庭住房困难是城市人民政府的重要责任。城市人民政府要把解决城市低收入家庭住房困难摆上重要议事日程，加强领导，落实相应的管理工作机构和具体实施机构，切实抓好各项工作；要接受人民群众的监督，每年在向人民代表大会所做的《政府工作报告》中报告解决城市低收入家庭住房困难年度计划的完成情况。

房地产市场宏观调控部际联席会议负责研究提出解决城市低收入家庭住房困难的有关政策，协调解决工作实施中的重大问题。国务院有关部门要按照各自职责，加强对各地工作的指导，抓好督促落实。建设部会同发展改革委、财政部、国土资源部等有关部门抓紧完善廉租住房管理办法和经济适用住房管理办法。民政部会同有关部门抓紧制定城市低收入家庭资格认定办法。财政部会同建设部、民政部等有关部门抓紧制定廉租住房保障专项补助资金的实施办法。发展改革委会同建设部抓紧制定中央预算内投资对中西部财政困难地区新建廉租住房项目的支持办法。财政部、税务总局抓紧研究制定廉租住房建设、经济适用住房建设和住房租赁的税收支持政策。人民银行会同建设部、财政部等有关部门抓紧研究提出对廉租住房和经济适用住房建设的金融支持意见。

（二十）加强监督检查。2007年底前，直辖市、计划单列市和省会（首府）城市要把解决城市低收入家庭住房困难的发展规划和年度计划报建设部备案，其他城市报省（区、市）建设主管部门备案。建设部会同监察部等有关部门负责本意见执行情况的监督检查，对工作不落实、措施不到位的地区，要通报批评，限期整改，并追究有关领导责任。对在解决城市低收入家庭住房困难工作中以权谋私、玩忽职守的，要依法依规追究有关责任人的行政和法律责任。

（二十一）继续抓好国务院关于房地产市场各项调控政策措施的落实。各地区、各有关部门要在认真解决城市低收入家庭住房困难的同时，进一步贯彻落实国务院关于房地产市场各项宏观调控政策措施。要加大住房供应结构调整力度，认真落实《国务院办公厅转发建设部等部门关于调整住房供应结构稳定住房价格意见的通知》（国办发〔2006〕37号），重点发展中低价位、中小套型普通商品住房，增加住房有效供应。城市新审批、新开工的住房建设，套型建筑面积90平方米以下住房面积所占比重，必须达到开发建设总面积的70％以上。廉租住房、经济适用住房和中低价位、中小套型普通商品住房建设用地的年度供应量不得低于居住用地供应总量的70％。要加大住房需求调节力度，引导合理的住房消费，建立符合国情的住房建设和消费模式。要加强市场监管，坚决整治房地产开发、交易、中介服务、物业管理及房屋拆迁中的违法违规行为，维护群众合法权益。要加强房地产价格的监管,抑制房地产价格过快上涨,保持合理的价格水平,引导房地产市场健康发展。

(二十二)凡过去文件规定与本意见不一致的,以本意见为准。

中华人民共和国国务院
二〇〇七年八月七日

附录 10

关于印发《北京市廉租住房、经济适用住房家庭收入、住房、资产准入标准》的通知

(京建住〔2007〕1129号)

各区县人民政府,市政府各委、办、局,各市属机构:

根据《北京市人民政府关于印发〈北京市城市廉租住房管理办法〉的通知》(京政发〔2007〕26号)和《北京市人民政府关于印发〈北京市经济适用住房管理办法(试行)〉的通知》(京政发〔2007〕27号)的有关规定,经市政府批准,现就我市城市居民申请廉租住房租房补贴或实物配租及购买经济适用住房的准入标准有关事项通知如下:

(一)本市城市居民申请廉租住房租房补贴或实物配租及购买经济适用住房家庭年收入、人均住房使用面积、家庭总资产净值须符合北京市政府相关部门每年公布的标准。

其中,申请廉租住房的家庭总资产净值中除拆迁补偿款及房屋折价外,现金、有价证券、投资(含股份)、存款、借出款等项之和不超过民政部门规定的社会救助对象家庭收入的认定标准。

(二)2007年城八区城市居民申请廉租住房租房补贴或实物配租及购买经济适用住房,须符合本通知规定的标准(见附表1、附表2)。

(三)各远郊区县参照本通知精神,结合各自区县的实际情况制定相应保障住房准入标准,并颁布执行。

特此通知。

附表1 北京市城八区城市居民申请廉租住房家庭收入、住房、资产准入标准

家庭人口	家庭年收入	人均住房使用面积	家庭总资产净值
1人	6960元及以下	7.5平方米及以下	15万元及以下
2人	13920元及以下	7.5平方米及以下	23万元及以下
3人	20880元及以下	7.5平方米及以下	30万元及以下
4人	27840元及以下	7.5平方米及以下	38万元及以下
5人及以上	34800元及以下	7.5平方米及以下	40万元及以下

注:人均580元/月。

附表2 北京市城八区城市居民购买经济适用住房家庭收入、住房、资产准入标准

家庭人口	家庭年收入	人均住房使用面积	家庭总资产净值
1人	22700元及以下	10平方米及以下	24万元及以下
2人	36300元及以下	10平方米及以下	27万元及以下
3人	45300元及以下	10平方米及以下	36万元及以下
4人	52900元及以下	10平方米及以下	45万元及以下
5人及以上	60000元及以下	10平方米及以下	48万元及以下

附录11

北京市人民政府关于印发《北京市限价商品住房管理办法（试行）》的通知

（京政发〔2008〕8号）

第一章 总则

第一条 为调整住房供应结构，建立分层次的住房供应体系，规范本市限价商品住房建设和管理工作，根据《国务院办公厅转发建设部等部门关于调整住房供应结构稳定住房价格意见的通知》（国办发〔2006〕37号）精神，结合本市实际，制定本办法。

第二条 本办法所称限价商品住房，是指政府采取招标、拍卖、挂牌方式出让商品住房用地时，提出限制销售价格、住房套型面积和销售对象等要求，由建设单位通过公开竞争方式取得土地，进行开发建设和定向销售的普通商品住房。

本市行政区域内限价商品住房的建设和管理活动适用本办法。

第三条 限价商品住房建设和销售管理工作坚持政府主导，并遵循以下原则：全市统筹、以区县为主；自愿申请，逐级审核；公开透明、公平公正；限制交易，动态监管。

第四条 市政府负责建立本市限价商品住房管理工作协调机制。市建设、发展改革、国土资源、规划、财政、工商、监察、税务、民政、交通等有关部门和相关金融机构按照职责分工做好相关工作。

第二章 项目建设

第五条 市建设、国土资源部门会同有关部门根据本市限价商品住房需求，组织编制年度建设计划，经市政府批准后组织实施。限价商品住房建设用地在年度土地利用计划及土地供应计划中优先安排。

各区县政府按照全市统筹、以区县为主的原则，可自行安排建设用地组织建设；对建设用地不足的区县，市政府可规划专项建设用地，由其负责组织定向建设，并建立相应的财政转移支付办法。

第六条 市建设、国土资源部门负责组织建设的限价商品住房项目，由建设单位与其签订《限价商品住房建设销售协议》；各区县政府负责组织建设的限价商品住房项目，由建设单位与各区县政府指定部门签订《限价商品住房建设销售协议》。

第七条 限价商品住房项目应尽可能选择在交通相对便利、市政基础设施较为完善的区域进行建设，方便居住和出行。

第八条 限价商品住房建设应遵循节约集约用地的原则。建设单位要严格执行国家和本市有关技术规范和标准，优化规划设计方案，采用成熟适用的新技术、新工艺、新材料和新设备，提高建设水平。

第九条 限价商品住房套型建筑面积以 90 平方米以下为主。其中，一居室控制在 60 平方米以下；二居室控制在 75 平方米以下。

第十条 建设单位对限价商品住房工程质量负责，并依法承担保修责任。

第十一条 限价商品住房销售价格以项目综合开发成本和合理利润为基础，参照同地段、同品质普通商品房价格，由市发展改革、国土资源、建设、财政、规划、监察等部门研究确定。

第十二条 限价商品住房项目配套公共服务设施和市政基础设施，应符合本市相关建设标准。住宅建设应与配套公共服务设施、市政基础设施同步建设并交付使用。

第三章 供应对象

第十三条 限价商品住房供应对象为本市中等收入住房困难的城镇居民家庭、征地拆迁过程中涉及的农民家庭及市政府规定的其他家庭。申请购买限价商品住房家庭应符合以下条件：

（一）申请人须具有本市户口，申请家庭应推举具有完全民事行为能力的家庭成员作为申请人。单身家庭提出申请的，申请人须年满 30 周岁。市政府有关部门可根据限价商品住房供需情况，对单身申请人年龄实行动态管理。

（二）申请家庭人均住房面积、家庭收入、家庭资产须符合规定标准，并实行动态管理。城八区的上述标准由市建设部门会同市有关部门根据本市居民收入、居住水平和住房价格等因素组织确定，经市政府批准后公布。远郊区县的上述标准由区县政府结合实际情况确定，经市政府批准后公布。

第十四条 申请家庭成员之间应具有法定的赡养、扶养或者抚养关系，包括申请人及其配偶、子女、父母等。

第十五条 家庭住房是指家庭全部成员名下承租的公有住房和拥有的私有住房。申请家庭现有两处或两处以上住房的，家庭住房面积应合并计算。

第十六条　家庭收入是指家庭成员的全部收入总和，包括工资、奖金、津贴、补贴等劳动收入和储蓄存款利息等财产性收入。

第十七条　家庭资产是指全部家庭成员名下的房产、汽车、现金、有价证券、投资（含股份）、存款、借出款等。

第十八条　经审核符合条件的申请家庭只能购买1套限价商品住房，已购买限价商品住房家庭的成员不得再次享受其他形式的保障性住房。

第四章　资格审核

第十九条　购买限价商品住房实行申请、审核和备案制度。

（一）申请：申请家庭持如实填写的《北京市限价商品住房家庭资格核定表》和相关证明材料，向户口所在地街道办事处或乡镇人民政府提出申请。

（二）初审：街道办事处或乡镇人民政府通过审核材料、入户调查、组织评议、公示等方式对申请家庭的收入、住房、资产等情况进行初审，提出初审意见，将符合条件的申请家庭材料报区县住房保障管理部门。人户分离申请家庭情况应在户口所在地和实际居住地同时进行公示。

（三）复审：区县住房保障管理部门对申请家庭材料进行复审，并将符合条件的申请家庭情况进行公示，无异议的，报市住房保障管理部门备案。

（四）备案：市住房保障管理部门对区县住房保障管理部门上报的申请家庭材料予以备案。区县住房保障管理部门为经过备案的申请家庭建立市和区县共享的住房需求档案。

第二十条　符合本办法第十三条规定，属于公益性项目涉及被拆迁或腾退的家庭，各区县住房保障管理部门可根据实际情况另行制定相应审核程序，出具审核意见后报市住房保障管理部门备案。

第五章　房源分配和销售

第二十一条　各区县政府负责组织建设的限价商品住房，主要由本区县安排使用，市住房保障管理部门可根据实际情况从中安排一定比例用于统筹分配。

市建设、国土资源部门负责组织建设的限价商品住房，由市住房保障管理部门根据各区县需求情况，制定房源分配计划，重点支持市政府确定的公益性项目涉及的被拆迁或腾退家庭、特殊群体以及建设项目所在区县和首都功能核心区居民的需求等。

第二十二条　各区县住房保障管理部门负责组织本地区县符合条件的申请家

庭,通过摇号等方式配售限价商品住房。其中对解危排险、旧城改造和风貌保护、环境整治、重点工程等公益性项目涉及的被拆迁或腾退家庭和家庭成员中含有60周岁以上(含60周岁)老人、严重残疾人员、患有大病人员、复转军人、优抚对象的家庭及自愿放弃经济适用住房购买资格的家庭可优先配售;对其他符合条件的家庭,按照住房困难程序,优先配售给无房家庭。对多次参加摇号均未摇中且轮候3年以上(不含3年)的申请家庭,区县住房保障管理部门可直接为其配售。

第二十三条 市住房保障管理部门统筹分配至各区县的房源,各区县住房保障管理部门应在2个月内确定购房人,向建设单位缴纳购房款。逾期不能确定购房人的,由市住房保障管理部门负责收回并重新分配。各区县住房保障管理部门也可先行垫付购房款后保留房源继续使用,保留时间不超过半年。

第二十四条 限价商品住房建设单位应按照《国有土地使用权出让合同》和《限价商品住房建设销售协议》的有关约定,如实向市和区县住房保障管理部门提供房源情况,按规定销售,配合市和区县住房保障管理部门做好申请家庭选房购房工作。选房购房结束后,限价商品住房建设单位负责将购房家庭情况等相关信息上报市和区县住房保障管理部门备案。

第六章 监督管理

第二十五条 限价商品住房购房人进行房屋权属登记时,房屋行政主管部门应在房屋权属证书上注明"限价商品住房"字样。

第二十六条 购房人取得房屋权属证书后5年内不得转让所购住房。确需转让的,可向户口所在区县住房保障管理部门申请回购,回购价格按购买价格并考虑折旧和物价水平等因素确定。回购的房屋继续作为限价商品住房向符合条件家庭出售。

购房人在取得房屋权属证书5年后转让所购住房的,应按届时同地段普通商品住房和限价商品住房差价的一定比例缴纳土地收益等价款。具体比例由市建设、国土资源、发展改革、财政等部门研究确定,经市政府批准后实施,并可根据房地产市场变化等情况按程序适时调整缴纳比例。

第二十七条 已经市住房保障管理部门备案的申请家庭,其家庭收入、住房和资产等情况在轮候期间发生变化的,应如实向所在区县住房保障管理部门报告,区县住房保障管理部门会同有关部门对其申报情况进行复核。区县住房保障管理部门也可对申请家庭的收入、住房和资产情况进行检查。对经核实不符合购买限价商品住房条件的家庭,应取消其购房资格。

第二十八条　限价商品住房建设单位有下列行为之一的，由相关部门依法处理：

（一）未按《国有土地使用权出让合同》约定缴纳地价款，擅自改变土地用途、建设规模和建设时限的，由市国土资源部门处理；

（二）违反限价商品住房价格管理有关规定的，由市发展改革部门处理；

（三）擅自向未经区县住房保障管理部门确定的申请家庭出售限价商品住房的，由所在区县住房保障管理部门责令其限期收回；不能收回的，由建设单位向区县住房保障部门补交同地段限价商品住房与普通商品住房的差价，并对建设单位依法予以处罚。

第二十九条　对弄虚作假，隐瞒家庭收入、住房和资产状况及伪造相关证明的申请人，由所在区县住房保障管理部门取消其申请资格，5年内不得再次申请；对已骗购限价商品住房的，由区县住房保障管理部门责令购房人退回已购住房或按同地段普通商品住房价格补足购房款；已构成犯罪的，移交司法机关追究刑事责任。

第三十条　对为申请人出具虚假证明的单位，由市住房保障管理部门提请其上级主管部门或监察部门追究单位主要负责人和相关责任人的责任；已构成犯罪的，移交司法机关追究刑事责任。

第三十一条　对有关部门和单位工作人员在申请家庭资格审查和限价商品住房建设、销售、管理等过程中，玩忽职守、滥用职权、徇私舞弊的，应追究行政责任；已构成犯罪的，移交司法机关追究刑事责任。

第七章　附则

第三十二条　各区县政府可依据本办法，结合实际，制定具体实施办法。市政府各相关部门可依据本办法，根据职责制定相应配套措施。

第三十三条　本办法自发布之日起施行。

附录 12

北京市保障性住房供求缺口分析[①]
——基于收入分布函数曲线族拟合的方法

卢媛　刘黎明

（首都经济贸易大学　统计学院，北京　100070）

摘　要：保障性住房是政府和百姓关心的重大民生问题。本文通过拟合 2004~2010 年北京居民人均可支配收入分布函数族，结合商品房价格与居民收入的匹配关系运算公式，求出保障性住房的需求数量，再与保障性住房的供给数量做比较，算出供求缺口数量，并对不同收入水平居民的购房能力进行了政策模拟。此外，对目前北京市居民住房在住房面积、房屋产权、户型结构等总体情况做出了分析。文中提出的商品房价格与居民收入的匹配关系运算公式、保障房供求缺口计算方法具有可推广性，所得结果可以为政府部门提供政策参考。

关键词：保障性住房；供求分析；收入分布函数曲线族；政策模拟

"十二五"规划纲要明确要求各级政府增加投入，保障土地供应，落实保障性住房建设任务。进一步加快保障性住房建设，已经成为我国各级政府的一项重大民生工程、民心工程。截至 2011 年 9 月中旬，北京市保障房开工数量已经超过 18 万套，达到预定全年任务的 90% 以上。在党和政府大力推进保障性住房建设的政策方针指引下，北京市保障性住房建设工作在政策落实、过程监督、数量质量保障以及建设配套方案等方面都取得了阶段性的成效。

针对近些年北京房价过高、中低收入居民住房困难的问题，政府提出的保障性住房制度是解决百姓住房困难的一项可行、有效的政策制度，尤其成为解决中低收入家庭住房困难的重要途径。保障性住房是指政府在对中低收入家庭实行分类保障过程中所提供的限定供应对象、建设标准、销售价格或租金标准，具有社

[基金项目] 国家社会科学基金项目"中国现行社会福利保障制度下城镇贫困人口的统计研究"（11BTJ002）；首都经济贸易大学博士研究生科技创新项目（CUEB2010532）。
[作者介绍] 卢媛（1981—），女，辽宁沈阳人，博士研究生，研究方向：应用数理统计。刘黎明（1956—），女，山东济南人，教授，博士生导师，研究方向：应用数理统计。
① 卢媛，刘黎明. 北京市保障性住房供求缺口分析 [J]. 统计与对策，2013 (3).

会保障性质的住房。北京市保障性住房分为廉租住房、公共租赁住房、经济适用住房、限价商品住房、定向安置房、危旧房和棚户区改造等形式,其中的前四种形式是政府在目前和今后相当长时间内,用来解决北京市城镇中低收入家庭住房困难问题的主要手段。

国外学者对住房福利的研究在住房福利政策和政府在房屋政策中所起的作用两方面比较成熟,值得研究借鉴。在住房福利制度研究中,西方学者通过对政府住房福利制度长期观察研究,结合基于社会实践积累基础上的制度设计,已经总结出西方各国住房福利制度的机理与特征,并且随着时代的发展提出了如福利国家分类等新学说。在对政府作用的研究中,比较房屋政策的先驱丹尼逊(Donnison,1967)提出了政府在房屋政策中的三种角色:雏生型、社会型及全面责任型。按此理论模型,大部分发展中国家可被划分为雏生型的住房政策,这些国家在解决中低收入家庭的住房问题时通常较为被动,这一思想现对于解决我国中低收入家庭的住房问题仍然具有一定的参考价值。迭戈(Diego Echeverry,2003)认为,累积性是第三世界国家的低收入住房发展的一个关键特性,住房的建设在城市化进程中,需要一个相对长的时期逐步完成,累积性的原因是资源匮乏,也反映了住房者长期储蓄和投资的能力。对于中低收入家庭住房的政府援助,国外经验表明,不同的制度和政策有各自的优缺点,根据各国的经济发展状况、文化传统等的不同,各个国家可以根据国情来选择,并且即使在同一个国家,不同群体也有不同特点,需要在政策上区别对待。

新中国成立后,我国长期实行住房的实物福利分配,到20世纪80年代住房体制改革后,学术界对中低收入家庭住房保障的研究不断深入,在住房保障制度及住房保障具体实施方法上,孙炳耀(2004)探讨了城镇低收入人群住房福利研究总体思路。姚玲珍(2003)提出了中低收入家庭住房政策理想模式设计的理论基础,即共同富裕的社会主义原理、住房公平分配原理和社会保障原理。陈伯庚(2005)在总结了近20多年来中国城镇住房制度改革经验的基础上,提出了在中国城镇制度改革过程中应坚持的基本原则。李勇辉(2006)以城镇低收入群体的住宅消费保障作为分析的主线,从住房公积金制度、经济适用房政策、廉租房制度及拆迁最低保障等方面进行了深入的研究和探讨,提出了我国城镇居民住宅消费保障的制度设计原则、具体途径和有效对策。在对国外实践成功经验借鉴的研究方面,包宗华(2005)通过分析美国和新加坡住房分类供应制度,指出我国对中低收入家庭住房供给管理不严,覆盖面窄,执行力度不够的问题,并提出通过提供小户型低造价的住房,解决房价过高问题和廉租房房源问题。尹伯成(2007)提出,市场不是万能的,住房问题是市场无法完全解决的问题之一,要解决中低收入家庭的住房问题只能依靠政府住房保障机制,并提出要扩大廉租房覆盖范围和发展经济适用房。

目前，随着保障性住房的开工建设和投入使用，中低收入家庭会逐步被纳入保障性住房体系中，但是保障性住房需要建设多少，中低收入家庭对保障性住房的需求数量是多少，两者对比缺口是多少，这是需要进行科学的测算，本文利用统计方法实际测算保障房供求缺口的做法在实证研究中还不多见。本文基于拟合多年份收入密度函数曲线族的方法，结合商品房价格与居民收入的匹配关系运算公式，对北京市保障性住房供求缺口进行测算，希望能为政府提供政策理论参考。

一、北京市城镇居民家庭基本居住状况

从1990年起，北京市对房地产业的投资逐年加大，1995年以后房地产投资占全社会固定资产投资额维持在30%以上（见图1），2001年时更是超过50%，到2010年，这一比例为52.8%。房地产行业成为了拉动经济增长的重要力量。

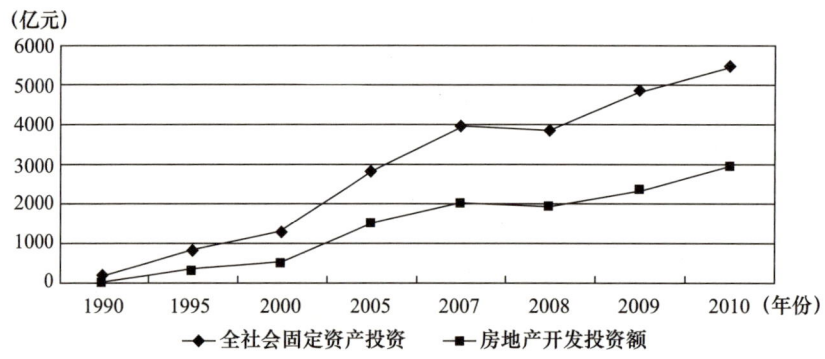

图1　北京市全社会固定资产投资和房地产开发投资额比较

资料来源：《北京市统计年鉴》（2011）。

房地产行业的迅速发展一定程度上满足了居民住房的需求，但是近几年，特别是在2007年后，北京市住房供求矛盾逐步凸显，即以房屋供不应求为主要动因，致使房价上涨过快。

图2选取了1991~2010年北京市人均可支配收入与商品房均价数据，在进行了剔除物价指数和数据环比处理后得到的两个指标20年的相对变化趋势图。可以看出，从2005年开始，商品房价格的涨幅逐步超过人均可支配收入的增长速度，2008年商品房涨幅有所回落，但在2009年、2010年商品房价格的上涨幅度依然高于人均可支配收入的涨幅。从总体趋势看，人均可支配收入的涨幅较为平缓，而商品房价格的波动性比较大。

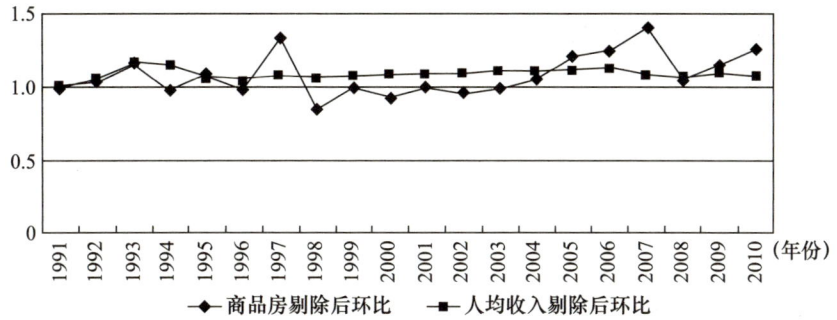

图 2　1991~2010 年商品房价格与人均可支配收入变动趋势对比

资料来源：《北京市统计年鉴》（2011）。

表 1　北京市城镇居民（5000 户）住房房屋产权情况　　　　单位：%

年份	租赁公房	租赁私房	原有私房	公房改私房	商品房	其他
2008	13.5	3	2.1	50.2	28.6	2.6
2009	13.7	2.4	2	49.7	30.3	1.9
2010	13.3	2.6	1.9	49.8	31.4	1

资料来源：《北京市统计年鉴》（2011）。

从表 1 可以看出，经过住房商品化改革的公房改私房政策，使得接近半数的居民获得其居住房屋的产权，购买商品房的比例 2009 年较 2008 年有缓慢提升，这是因为房改政策已基本完成，通过公房改私房形式获得房屋产权的居民比例在未来会有所下降。随着北京市保障性住房建设的快速发展，租赁公房的比例在未来几年将会显著上升。

表 2　北京市城镇居民（5000 户）住宅建筑式样情况　　　　单位：%

年份	单栋住宅	四居室	三居室	二居室	一居室	普通楼房	平房及其他
2008	0.2	2.1	25	56.2	8	2.4	6.1
2009	—	2.2	24	57.7	8.7	1.3	6.1
2010	—	2	24.7	58.1	8.5	1	5.7

资料来源：《北京市统计年鉴》（2011）。

在住宅建筑式样方面，从表 2 可以看出，居民住宅的结构以二居室和三居室为主，两者相加的比例超出了 80%，说明目前社会家庭的类型是由小规模家庭替代了传统的大家庭模式，在保障性住房建筑设计中，上述结论可以提供参考，在房屋户型设计以二居室和三居室的结构为主。

二、北京市城镇居民住房供求分析

（一）需求分析

居民住房需求受多种因素影响，其中住房价格和收入水平是两个重要因素。利用 2004~2010 年《北京市统计年鉴》中北京市城镇居民人均可支配收入数据，本文采用插值拟合方法拟合收入分布函数曲线族，从图3可以看出，曲线与实际数据点（小三角所示）拟合效果良好。图4中绘制了人均可支配收入概率密度曲线用以展开后续分析。

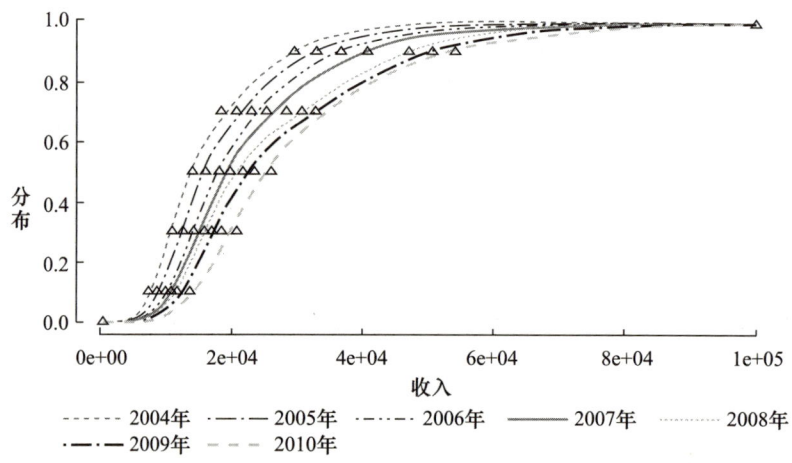

图3　2004~2010 年北京市人均可支配收入分布函数曲线族

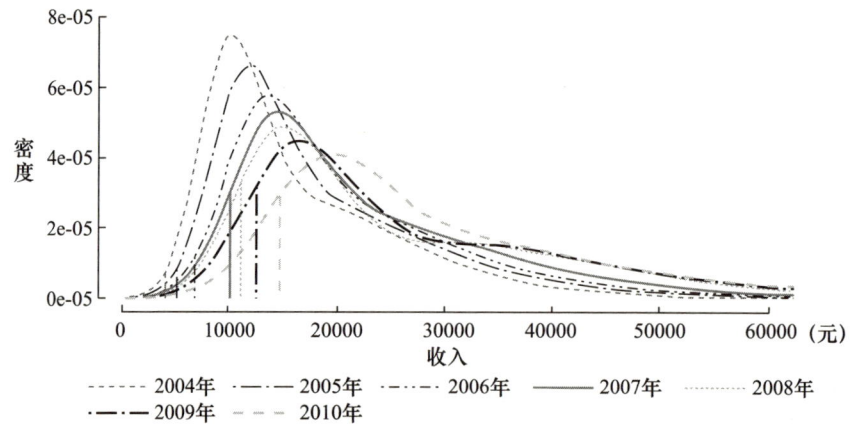

图4　2004~2010 年北京市人均可支配收入概率密度函数曲线族

从图 4 可以看出，2004~2010 年均值逐年向右移动，说明 6 年间人均收入水平逐步提高；同时，函数曲线的峰值有明显变小的趋势，并且曲线越趋于扁平，表现出方差逐渐变大，这说明 6 年间居民收入水平差距在逐年变大，贫富差距越来越明显。

1. 计算思路

假设住房需求只受房价和收入水平影响，其他因素暂且忽略。房价与收入比世界银行制定的标准是 5∶1，联合国的标准是 3∶1，根据我国的实际情况，国内专家通常采用的房价收入比合理标准在 [3，6] 闭区间内[①]，据此提出了下面的商品房价格与人均可支配收入匹配关系运算公式：

$$P = I \times \alpha \div (A \times 1.33) \quad (1)$$

式中，P 为商品房平均价格，I 为人均可支配收入，A 是人均住房使用面积，经验值 1.33 = 人均住房建筑面积/人均住房使用面积，α 表示工作的年限。

通过年鉴数据可以算得 2004~2010 年北京市商品房的平均价格，利用公式可以推算出对应的人均可支配收入 I'，以 I' 为标准在收入概率密度函数横轴画线，用对应的纵轴概率乘以总人口数即为无力购买商品房而需要保障性住房的人数，进而可以计算保障性住房的需求总量。若此法反向使用，可以计算某一时点下，相对于人均可支配收入的商品房价格是否合理。

2. 分析过程

将公式（1）改写成：

$$I = (P \times A \times 1.33)/\alpha \quad (2)$$

通过年鉴可得 2004~2010 年北京市商品房住宅销售额和销售面积，计算可得商品房住宅的平均价格，代入式（2）可得人均可支配收入 I'，以 I' 为标准画线。

关于 α 的选取，根据国际习惯方法 $\alpha = 6$，即认为合理的人均可支配收入与商品房价格的关系应该是用 6 年的工作所得可以购买人均使用面积大小的一套住房。如果在本文中套用这个标准，则计算结果偏高，也不符合北京的实际情况。根据实际情况，可以按照最低住房面积需求标准计算的方法，即假设无任何生活消费情况下，按照北京市平均工资标准，一个人工作多少年（用 α 年表示）能够买得起人均使用面积大小的一套住房来计算人均可支配收入与商品房价格的关系。在这一标准下，按照平均参加工作年龄 20 岁，平均退休年龄是 50 岁，即 $\alpha = 30$ 工作时间计算。

图 4 中纵向画线表示，在当前房价水平下，当 $\alpha = 30$ 时，即按照无任何生活

[①] 20 世纪 90 年代初世界银行专家黑马先生（Andrew Hamer）在进行中国住房制度改革研究时，提出了一个世界银行认为"比较理想"的比例。

消费条件下，一个人用 30 年的可支配收入可以购买人均使用面积大小的一套住房时对应的收入水平 I'，纵向画线右侧面积表示有能力购房的群体人数比例。画线左侧面积表示没有能力购房的群体人数比例，即需要保障性住房的人群。表 3 表示工作 30 年，并且没有任何生活消费的全部可支配收入积累都用于购买一套人均使用面积大小的住房，仍然无力购房的人数。

表 3　当前房价水平下工作 30 年无任何生活消费无能力购房的人数计算结果

年份	商品房住宅平均价格（元）	人均使用面积（平方米）	人均可支配收入 I'（元）	户籍人口（万人）	对应概率（%）	无力购房人数（万人）
2010	17150.82	19.49	14819	1257.8	11.62	146.16
2009	13224.14	21.61	12669	1245.8	10.92	136.04
2008	11472.71	21.56	10966	1229.9	9.00	110.74
2007	11035.61	21.5	10519	1213.3	9.00	109.26
2006	7826.73	20.96	7273	1197.6	2.68	32.13
2005	6259.25	20.13	5586	1180.7	1.61	19.02
2004	5153.27	18.88	4313	1162.9	1.02	11.84

从年鉴数据计算结果看，2010 年商品房住宅平均价格 17150.82 元，按照 $\alpha=30$ 来计算，人均可支配收入 $I'=14819$ 元，低于这一标准的人数为 146.16 万人，占总人口的 11.62%，按平均每户 2.5 人计算（《北京市统计年鉴》数据），则需要政府提供保障性住房 58.46 万套。这一比例数据表明，按照当前房价水平，在满足最低的住房居住需求标准下，即无任何生活消费情况时，一个人工作 30 年可以买得起人均使用面积大小的一套住房来计算，北京市还有 11.62% 的人口没有能力购房，这部分居民需要保障性住房制度来满足其住房需求。从纵向时序分析，2004~2010 年对政府保障性住房的需求量逐年增大，其中 2004~2006 年还保持在 3% 以下的水平，到了 2007 年这一比例上升至 9%，是 2006 年的 3 倍多，这一结果基本符合 2007 年北京房价迅速上涨的实际情况。"十二五"规划中政府高度重视保障性住房建设工作，并加大力度投入建设施工，从上面的结果看，这一举措是非常重要和及时的。

3. 不同 α 取值下居民购房能力差异的政策模拟

上述的结论是在 $\alpha=30$ 的条件下产生的，当改变 α 的取值，即在当前房价水平下，预计分别用 6 年、10 年、15 年、20 年、25 年的收入所得购买人均建筑面积大小的一套住房时，在 2004~2010 年，因收入水平所限无能力购买住房的人数比例如表 4、图 5 所示。

表4 当前房价水平下工作 α 年无任何生活消费无能力购房的人数比例 单位:%

年份	α = 6	α = 10	α = 15	α = 20	α = 25	α = 30
2004	75.66	45.73	15.67	5.12	2.07	1.02
2005	83.47	55.03	23.29	8.27	3.34	1.61
2006	89.90	64.03	33.18	13.44	5.62	2.68
2007	96.16	79.36	56.08	33.89	17.63	9.00
2008	94.81	73.16	53.60	33.18	17.49	9.00
2009	95.85	77.45	57.09	37.26	20.64	10.92
2010	96.63	83.24	61.08	39.54	21.93	11.62

从表4可以看出，2004~2010年购买力在逐年变小，主要是房价上涨速度过快所致。2010年，按照国际标准 α = 6，即用6年的工作收入可以购买住房，北京市有近96.63%的居民无力购买住房，比例太高。当 α 取其他值时无力购房的人数、户数同样众多。

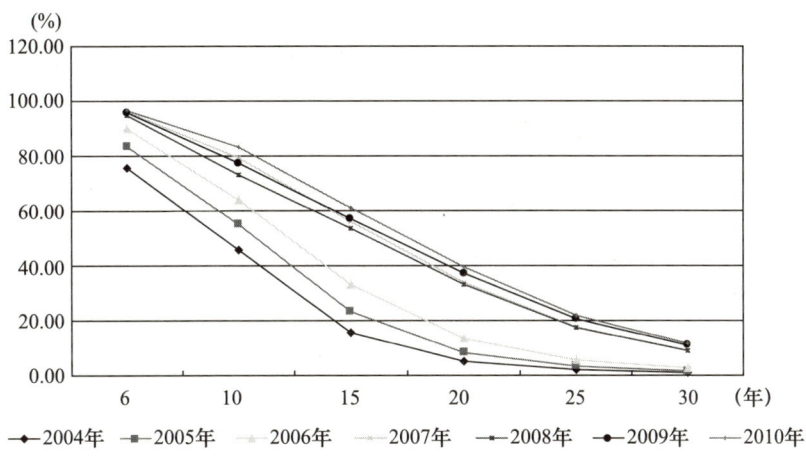

图5 2004~2009年无能力购房的人数比例折线图

由图5可以看出，2010年的商品房购买力明显小于2004年水平。2004年、2005年、2006年曲线在 α 取值为17、22.5时有明显弯折，说明在这3年中，α 取值17、22.5时，对应的人均可支配收入 I' 分别为12834元、9697元（以2006年为例，经式（2）计算得）时，可以有效降低居民购买商品房的门槛，需要提供保障性住房的人数在这两点显著下降。同理，分析在2008年、2009年、2010年，当 α = 27 时，也有同样的效果。

（二）供给分析

近几年，北京市政府在国家加快保障性住房政策的指引下，加快完善北京市保障性住房制度，2009年政策性住房的投资为82.885亿元，2010年为95.4530

亿元，比前一年上涨了 15.2%。

2011 年是北京市历年来保障性住房竣工交用规模最大的一年。在北京市 2011 年住房保障工作会议提出，北京保障性住房的工作目标是：实现"两个 60%"，即新开工建设、收购保障性住房 20 万套，占全市新开工住宅套数 60% 以上，其中公开配租配售的保障性住房 10 万套中，公租房占 60% 以上。同时，力争全年竣工各类保障性住房 10 万套，保障性住房建设用地占全市住宅供地的 50% 以上。

截至 2010 年底，北京市新开工建设各类保障性住房 22.5 万套，超额完成全年新开工 13.6 万套的任务。其中公开摇号的项目 8.5 万套，完成全年任务 111.8%；定向安置项目 14 万套，超额完成全年任务。同时，2011 年北京还竣工各类保障性住房约 5 万套，超额完成全年任务 4.6 万套的任务。

根据前文的计算结果，在当前房价水平下，按照最低购房标准，即无任何生活消费的情况下，一个人用 30 年的工作所得购买人均住房建筑面积大小的一套住房来计算，在 2010 年时仍无力购房的居民人数是 146.16 万人，按平均每户 2.5 人计算（年鉴数据），则需要政府提供保障性住房 58.46 万套。

表 5　当前房价水平下工作 α 年无任何生活消费无能力购房的人数和户数（2010 年）

	$\alpha=6$	$\alpha=10$	$\alpha=15$	$\alpha=20$	$\alpha=25$	$\alpha=30$
人数比例（%）	96.63	83.24	61.08	39.54	21.93	11.62
对应人数（万人）	1215.41	1046.99	768.26	497.33	275.84	146.16
对应户数（万户）	486.16	418.80	307.31	198.93	110.33	58.46

如表 5 所示，2010 年，$\alpha=6$ 时，即用 6 年的工作收入购买住房，无力购房的人数为 1215.41 万人，约合 486.16 万户（套），这几乎覆盖了北京市的全部户籍人口。表中其他的 α 取值情况下无力购房的人数、户数同样众多。截至 2010 年底，北京市新开工建设各类保障性住房 22.5 万套，将其与如表 5 所示的保障房需求数据相比，可以看出缺口依然巨大。

可见，虽然现阶段在保障性住房的建设中取得了阶段性的成效，但在未来相当长时间内此项工作任重而道远。

三、结论与研究展望

本文的主要工作是对北京市保障性住房供求缺口进行测算，从结果看，供求缺口很大，因此，政府在未来的保障性住房建设工作中应首先着力于提高保障性住房的供给数量，在保证建筑质量的基础上，加快保障房的政策落实和建设步伐。

此外，为了保证有限社会资源的有效配置，使保障性住房切实成为解决中低收入家庭住房困难的有效手段，在保障房申请制度设计、申请人（家庭）资产状况审核、使用中的核查与监管，保障房违规惩罚与退出机制的设计中，相关政府部门应制定一套细致有效的制度体系以保证保障性住房政策落到实处，并使其真正成为惠及中低收入家庭的一项社会福利制度。

在以后的研究中可以有两方面的拓展：其一，本文的计算结果是在极端严格的假设条件下得到的，即假设没有其他生活消费，也就是说，全部的可支配收入都用来购房而没有吃穿用等基本生活消费的情况下得出的。如果考虑生活基本消费，则可以在人均可支配收入中扣除基本生活消费，计算方法不变，得出的供求缺口预计要高于前文的计算结果。其二，将本文中的式（2）反向使用，即在当前的人均可支配收入水平下对合理的商品房价格进行测算，进而可以对当前商品房价格过高的现象展开定量的统计研究。

参考文献

［1］Paul N. Balchin，David Isaacean Chen. Urban Economics a Global Perspective ［M］. 1998.

［2］Muth R. F.，Goodman A C. The Economics of Housing Markets ［M］. Canada：Queen's U-niversity，1989.

［3］Doling J. Comparative Housing Policy in Clasen ［J］.（ed.） Comparative Social Policy：Concepts，Theories and Methods. Oxford and Massachusetts：Blackweil，1999（1）：59 – 79.

［4］Diego Echeverry, Stefano Anzellini and Rodrigo Rubio. Low Income Housing Development and the Sustainahility of Large Urban Settlements ［J］. Construction Research，2003（1）：1 – 8.

［5］孙炳耀. 城镇低收入人群住房福利制度探索 ［J］. 经济研究参考，2004（39）．

［6］姚玲珍. 中国公共住房政策模式研究 ［M］. 上海：上海财经大学出版社，2003.

［7］陈伯庚，顾志敏，陆开和. 城镇住房制度改革的理论与实践 ［M］. 上海：上海财经大学出版社，2003.

［8］李勇辉，陈勇强，何灵. 中国房地产业的区域差异分析及对策建议 ［J］. 石家庄经济学院学报，2006（6）．

［9］包宗华. 解决好我国住房问题的核心和关键 ［J］. 中国房地信息，2005（9）．

［10］尹伯成. 建立和谐住房保障体系 ［J］. 城市开发，2007，3（29）．

［11］黄恒君，刘黎明. 一种收入分布函数序列的拟合方法及扩展应用 ［J］. 统计与信息论坛，2011（12）．

［12］刘黎明. 财政体制的理论与模型方法研究 ［M］. 北京：首都经济贸易大学出版社，2007.

［13］何敏. 北京市中低收入家庭住房福利制度研究 ［D］. 北京交通大学博士学位论文，2010.

［14］王兢. 拟合的收入分布函数在贫困线、贫困率测算中的应用 ［J］. 经济经纬，2005（2）.

［15］李志清，田金信. 北京市保障性住房供给预测研究 ［J］. 哈尔滨工业大学学报（社会科学版），2009（5）．

附录13

北京市城镇居民可承受商品房价格区间的统计测度①

卢嫒 刘黎明

（首都经济贸易大学 统计学院，北京 100070）

摘 要：北京市商品房价格一直是个热门的社会问题。本文从居民家庭可支配收入入手，运用收入分布函数拟合方法，建立收入与居民人数比例的对应关系，计算出保障性住房体制外需要通过购买商品房满足住房需求的居民人数，通过改良传统的房价收入比公式，提出新的房价收入配比公式，计算居民可承受商品房价格区间，最后给出结论和建议。

关键词：商品房价格；保障性住房；收入分布函数拟合方法；房价收入配比公式

为了解决北京市中低收入家庭住房困难问题，满足中低收入居民基本住房需求，早在1998年，北京市政府响应国务院号召颁布了保障性住房相关条例，到2007年北京市基本确立了以廉租房、公共租赁住房、经济适用房、限价房为主体，配合定向安置房、危旧房和棚户区改造为辅助形式的保障性住房制度体系。这项政策制度旨在对于收入不同的家庭实行不同的住房保障政策，最低收入家庭由政府提供廉租住房；中低收入家庭可申请购买经济适用住房、限价房；其他收入高的家庭购买或租赁市场价的商品住房，这一框架体系勾勒出北京市政府在未来一段时期内解决居民住房需求的总体构想。保障性住房制度与房地产市场在满足居民住房需求上具有同质性，因此随着保障性住房制度的不断完善和逐步实施会从根本上缓解北京市住房供不应求的矛盾，同时也会影响到商品房市场价格。

[基金项目] 国家社会科学基金项目"中国现行社会福利保障制度下城镇贫困人口的统计研究"（11BTJ002）；首都经济贸易大学博士研究生科技创新项目（CUEB2010532）。

[作者介绍] 卢嫒（1981—），女，辽宁沈阳人，博士研究生，研究方向：应用数理统计。刘黎明（1956—），男，山东济南人，教授，博士生导师，研究方向：应用数理统计。

① 卢嫒，刘黎明. 北京市城镇居民可承受商品房价格区间的统计测度[J]. 建筑经济，2013（2）.

在学术研究中，对商品房价格的研究一直是个热点问题。房价收入比是近年来在研究居民家庭收入与商品房价格等问题时常用到的方法，它是指住房价格与城市居民家庭年收入之比，国内目前较多学者认同 3~6 倍的比值。这一比值区间是 20 世纪 90 年代初世界银行专家 Andrew Hamer 在进行中国住房制度改革研究时，提出的一个世界银行认为"比较理想"的比值，而后这一比值对中国研究商品房价格和居民家庭收入问题产生了深远的影响。

本文旨在研究北京市城镇居民可承受商品房价格区间，首先，从居民家庭可支配收入分析入手，通过拟合收入分布函数方法，建立起收入与居民人数比例的对应关系；其次，基于北京市保障性住房制度的视角，即不同收入水平居民家庭解决住房需求的途径不同，最低收入居民家庭由政府提供廉租住房，中低收入家庭可以申请购买经济适用房、限价房，中高收入居民家庭则需要以市场价格购买商品房，结合收入分布函数方法可以计算在保障性住房体制外需要购买商品房住宅的居民人数；再次，改良传统的房价收入比公式，提出新的房价收入配比公式，计算需要通过购买商品房满足住房需求的居民可承受商品房价格区间，并进行政策模拟；最后，根据实证结果，给出结论和政策建议。

一、研究方法和数据说明

本文采用收入分布函数拟合方法研究北京市城镇居民收入水平与人数比例的对应关系。通过拟合收入分布函数可以在不同的收入水平下计算出对应的人数、测算保障性住房政策效应。

本文中将选取 Gamma 函数拟合收入分布函数。

文中将对传统房价收入配比公式进行改进，提出房价收入配比公式：

$$P = I \times \alpha \div (A \times 1.33) \tag{1}$$

式中，P 为商品房平均价格[①]，I 为人均可自由支配收入[②]，A 是人均住房使用面积，经验值 1.33 = 人均住房建筑面积/人均住房使用面积，α 表示工作的年限。

房价收入配比公式建立起人均可自由支配收入 I 与商品房平均价格 P 的函数关系，通过改变参数 α 的数值可以进行政策模拟。

以廉租房、公共租赁性住房、经济适用房和限价房为主要类型的北京市保障性住房制度从 2007 年基本确立并实施，因此文中主要选取 2007~2010 年的年鉴数据和政策标准等数据展开分析。

---

① 下文均简称为商品房价格。
② 人均可自由支配收入是指在人均可支配收入基础上扣除基本生活消费性支出后的收入。

二、实证结果分析

(一) 保障性住房制度标准与制度覆盖人口比例分析

居民收入水平与住房需求密切相关,因此在北京市保障性住房制度中收入水平是申请保障房的重要标准之一。中低收入居民的住房需求由保障性住房满足,高收入居民的住房需求应由商品房市场满足。因此按照现行保障性住房制度标准,运用收入分布函数拟合方法,可以计算出保障性住房制度覆盖的居民人数,进而可得需要购买商品房满足住房需求的居民人数。

表 1 保障性住房制度标准[①]和制度覆盖人口比例 单位:元

年份	廉租房标准	人口比例	经适房标准	人口比例	限价房标准	人口比例
2007	6960	0.00987	14480	0.22376	29142	0.55589
2008	6960	0.01033	14480	0.18868	29142	0.51231
2009	6960	0.00583	14480	0.1463	29142	0.50327
2010	6960	0.00168	14480	0.09097	29142	0.49103

资料来源:北京市住房与城乡建设委员会文件和《北京市统计年鉴》(2011)。

从表 1 中可以看出,2007~2010 年符合保障性住房制度收入标准的居民人口比例呈逐年下降趋势。近年来居民人均收入逐步增加而保障房申请标准不变,这使得一方面保障性住房制度覆盖的人数逐年下降,另一方面将有更多的居民需要通过购买商品房满足住房需求,如表 2 所示。

表 2 需要购买商品房满足住房需求的居民人数统计

年份	人口比例	户籍人口(万人)	人数(万人)	家庭规模(人)	户数(万户)
2007	0.21048	1213.3	255.38	2.57	99.37
2008	0.28868	1229.9	355.05	2.56	138.69
2009	0.3446	1245.8	429.3	2.55	168.35
2010	0.41632	1257.8	523.65	2.54	206.16

从表 2 可以看出,按照现行保障性住房制度标准,有资格申请保障性住房的居民人数连年下降,即需要通过购买商品房满足住房需求的居民人数逐年增加。根据 2011 年的《北京市统计年鉴》整理出 1991~2010 年商品房价格与居民人均可支配收入变动趋势对比,在剔除了物价指数和数据环比处理后得到两个指标 20 年的相对变化趋势,如图 1 所示。

---

① 廉租房标准 2010 年 8 月 1 日后由原人均月收入低于 697 元调整为人均月收入低于 960 元,本文沿用旧标准计算。经济适用房标准和限价房标准是根据北京市住房与城乡建设委员会相关文件标准计算所得。

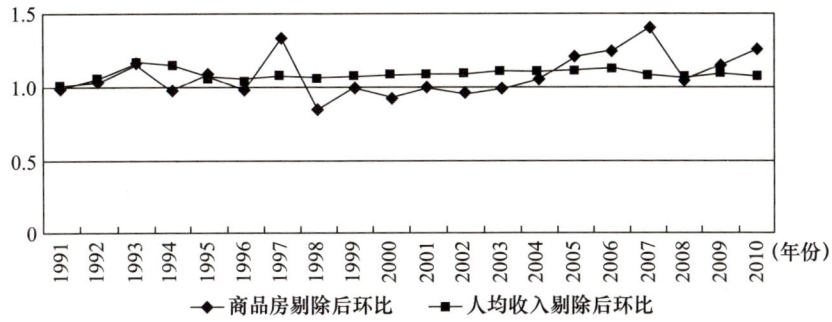

图1　1991~2010年商品房价格与人均可支配收入变动趋势对比

从图1总体趋势看，20年人均可支配收入的涨幅较为平缓，而商品房价格的波动性比较大。1991~2004年北京市居民人均可支配收入的增速快于商品房价格上涨速度，但从2005年开始商品房价格的涨幅逐步超过人均可支配收入增速，2007年两者增速差距最大，2008年商品房价格增速有所回落，但在2009年、2010年商品房价格增速仍显著高于人均可支配收入增速。

综上所述，一方面，2007~2010年北京市城镇居民名义人均可支配收入（即未剔除物价指数）逐年增长，同时保障性住房申请标准线不变，这使得越来越多的中等收入居民因收入增长而无资格申请到保障性住房，不得不购买商品房满足住房需求；另一方面，从2007年开始北京市商品房住宅售价猛增，其增速远远超过居民人均可支配收入的增速，这又使得居民购房压力巨大。

（二）居民可承受商品房价格区间与政策模拟

根据研究需要，下面提出三个假设条件：

假设1：北京市保障性住房制度达到应保尽保。因限价房收入标准线在各类保障性住房标准中最高，现行标准为人均可支配年收入29142元①，假设在应保尽保情况下，即年收入低于29142元的居民已经被全部纳入保障性住房体系，而年收入高于29142元（含）的居民则需要通过商品房市场满足住房需求。

因此，限价房标准线就可以作为购买商品房的居民群体的收入最低水平线，同时选取《北京市统计年鉴》中城镇居民人均可支配收入的最高收入水平为购买商品房的居民群体收入最高水平线。

假设2：住房需求只受房价和收入水平影响，其他因素暂且忽略。

根据公式（1）：

$$P = I \times \alpha \div (A \times 1.33) \tag{2}$$

---

① 根据北京市住房与城乡建设委员会相关文件标准计算所得。

把 2007～2010 年需要购买商品房的居民群体的最低收入水平 I_{min} 和最高收入水平 I_{max} 分别代入公式，可以算得相应商品房价格的最小值 P_{min} 和最大值 P_{max}，则 [P_{min}, P_{max}] 为居民可承受商品房价格。

关于 α 的取值。根据国际习惯方法 α=6，即认为合理的人均可支配收入与商品房价格的关系应是用 6 年的工作所得可以购买人均使用面积大小的一套住房。如按此标准，计算结果与实际偏差很大，也不符合北京的实际情况，据此提出假设 3。

假设 3：在北京市城镇居民人均可支配收入基础上扣除基本生活消费性支出，即在人均可自由支配收入指标下，按照北京市平均工资标准，一个人工作多少年（用 α 年表示）能够买得起人均使用面积大小的一套住房来计算人均可支配收入与商品房价格的关系。依据这一标准，假设平均参加工作年龄为 20 岁，平均退休年龄是 50 岁，α=30 时，即用 30 年工作所得购买商品房，计算结果见表 3。

表 3　当前收入水平下 α=30 时居民可承受商品房价格区间

年份	人均可自由支配年收入（元）		人均住房建筑面积（平方米）	居民可承受商品房价格区间（元/平方米）	
	I_{min}	I_{max}	$A \times 1.33$	P_{min}	P_{max}
2007	13835	17241	28.595	14514.78	18088.13
2008	12705	20521	28.6748	13292.16	21469.37
2009	11272	22275	28.7413	11765.65	23250.51
2010	9231	22654	25.9217	10683.33	26218.19

从表 3 中的结果看，α=30 时，2007～2010 年居民可承商品房价格上限值逐年增加，这说明最高收入居民购房能力逐年增加，下限值在逐年降低，说明收入略高于限价房申请线的居民购房能力逐渐下降。图 2 是 2007～2010 年实际商品房价格与居民可承受商品房价格的对比情况。

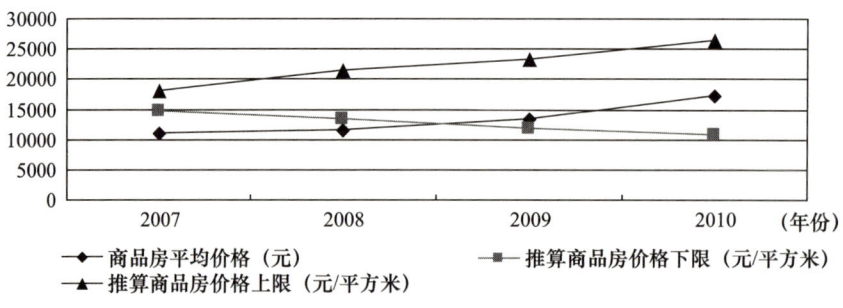

图 2　实际商品房价格与居民可承受商品房价格对比

从图 2 可以看出，2007 年、2008 年商品房实际售价低于测算的商品房价格下限值，这说明在假设 3 下，若中高收入居民以 30 年的人均可自由支配收入积累全部用于购房可以购得人均使用面积大小的商品房。而在 2009 年和 2010 年，实际商品房售价高于居民可承受商品房价格的下限值，这说明有部分中等收入居民一方面因收入略高于限价房申请线而无资格申请保障房；另一方面又因实际房价过高，超出其支付能力而无力购买商品房。所以这部分中等收入居民成了被排斥在保障性住房制度体系与商品房市场体系外的"夹心层"群体。

上述结论是在 α = 30 假设下提出的，这种情况较为极端，下面放宽 α 的取值范围，分别在 α = 6，α = 10，α = 15，α = 20，α = 25 时，即在当前收入水平下，用 6 年、10 年、15 年、20 年、25 年的人均可自由支配收入积累购买人均使用面积大小的一套住房，分别计算居民可承受商品房价格，结果见表 4、图 3。

表 4　α 不同取值下居民可承受商品房价格的政策模拟

单位：元/平方米

年份	2007		2008		2009		2010	
P	min	max	min	max	min	max	min	max
α = 6	2902.96	3617.63	2658.43	4293.87	2353.13	4650.10	2136.67	5243.64
α = 10	4838.26	6029.38	4430.72	7156.46	3921.88	7750.17	3561.11	8739.40
α = 15	7257.39	9044.06	6646.08	10734.69	5882.82	11625.26	5341.66	13109.09
α = 20	9676.52	12058.75	8861.44	14312.92	7843.76	15500.34	7122.22	17478.79
α = 25	12095.65	15073.44	11076.80	17891.14	9804.71	19375.43	8902.77	21848.49
α = 30	14514.78	18088.13	13292.16	21469.37	11765.65	23250.51	10683.33	26218.19

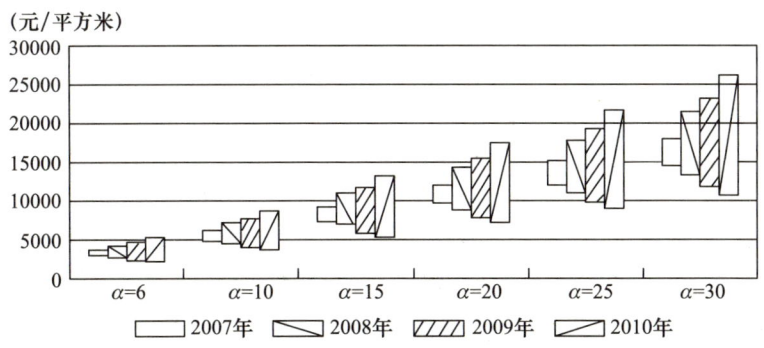

图 3　α 不同取值下居民可承受商品房价格政策模拟图

表4、图3分别给出了α的不同取值，居民人均可自由支配收入既定下的居民可承受商品房价格。从绝对值角度分析，2009年和2010年实际商品房价格分别为13224.14元、17150.14元，均大于α=30时居民可承受商品房的下限值，说明即使以30年工作所得积蓄购房，仍存在部分中等收入居民既无资格申请保障性住房也无力购买商品房，即"夹心层"群体，因此这两年间相对居民收入的商品房售价过高；按此思路分析，在2008年时实际商品房价格为11472.71元，这意味着只有当α=30时，不存在中等收入住房"夹心层"群体，而当α=25时居民可承受商品房区间的下限为11076.8元，低于实际商品房价格，这说明若政府通过制定政策引导居民以25年的工作所得购买商品房时，开始出现"夹心层"群体；2007年当α=20时，开始出现"夹心层"群体。通过绝对值角度的分析可以看出，2007~2010年，相对居民收入水平的商品房价格过高，中高收入居民购房压力巨大。

从相对值角度看，图3可以给出更直观的结论。首先同一α取值下，可分析不同年份时居民可承受商品房价格区间的变化趋势。以α=20为例，4年中居民可承受商品房价格上限值逐年增加，说明高收入群体收入的增长受生活消费性支出、物价上涨等因素影响较小，商品房购买能力逐步增强，而下限值逐年降低，说明中等收入居民购房能力在逐年下降，这是因为收入水平略高于限价房标准线的中等收入居民的生活消费性支出占其总收入的比重高于高收入群体，再加上物价上涨等因素共同抵消了名义上可支配收入上涨的部分，也就是说，这部分中等收入群体的实际收入是逐年下降的。2007~2010年居民可承受商品房价格区间的跨度逐步加大，这是中高等居民收入差距逐步拉大的结果。其次，在同一年份不同的α取值情况下，以2009年为例，α取6~30不同值时，居民可承受商品房价格上限值和下限值均缓慢上升，且区间跨度增大，这说明用更长时间的工作所得积蓄购房，居民的购房压力会得到缓解。

三、结论与研究展望

本文主要研究结论为：

第一，现行保障性住房制度标准覆盖人口比例过低，且由于申请标准线缺乏灵活性，随着北京市城镇居民收入水平的逐年增加，保障房制度覆盖的人口规模实际上是逐年减少的，这意味着有部分收入水平略高于现行保障房标准的中等收入居民成为住房"夹心层"群体。据此，相关政府部门在今后制定保障性住房政策时需要考虑到居民收入水平上涨的因素，在划定保障性住房申请标准线可以随着居民收入的变化而变动，目的是保证这项制度惠及的居民人数相对固定，避免住房"夹心层"群体的出现。

第二，根据当前居民收入水平计算出了居民可以承受的商品房价格，即居民可以负担的商品房最低价格和最高价格。这一结果可以为政府、房地产公司等单位在制定商品房价格时提供参考。文中把居民可承受的商品房价格与实际商品房价格进行了比较，得出了现行房价过高的结论，此结论基本符合社会实际情况。

第三，改变 α 取值进行政策模拟，即假设用不同年数的收入购房（购房方案）时，分别计算出了不同购房方案下居民可承受商品房价格区间，结果表明近几年居民购房压力巨大。

在今后的研究中可以进一步分析保障性住房制度覆盖人口规模与实际保障性住房建设及投入使用的对比情况，根据缺口的大小，进一步估算其对商品房市场的影响程度。此外，可以在数据可得性，指标选取的合理性等方面进一步优化。

参考文献

［1］张清勇. 房价收入比的起源、算法与应用：基于文献的讨论［J］. 财贸经济，2011（12）.

［2］贺亮. 房价收入比的计算及应用研究——基于江苏省的实证分析［J］. 建筑经济，2008（8）.

［3］李爱华，成思危，李自然. 城镇居民住房购买力研究［J］. 管理科学学报，2006（5）.

［4］袁文娟. 成都市城区合理房价收入比探究［J］. 经营管理者，2010（1）.

［5］Diego Echeverry, Stefano Anzellini and Rodrigo Rubio. Low Income Housing Development and the Sustainahility of Large Urban Settlements［J］. Construction Research，2003（1）：1 - 8.

［6］黄恒君，刘黎明. 一种收入分布函数序列的拟合方法及扩展应用［J］. 统计与信息论坛，2011（12）.

［7］刘黎明. 财政体制的理论与模型方法研究［M］. 北京：首都经济贸易大学出版社，2007.

［8］Muth R. F., Goodman A. C. The Economics of Housing Markets［M］. Canada：Queen's University，1989.

附录 14

北京市保障性住房准入标准线的统计测度[①]

卢媛　刘黎明

（首都经济贸易大学　统计学院，北京　100070）

摘　要：保障性住房是当前备受关注的热点问题。本文提出了一种基于收入分布函数拟合方法的保障性住房准入标准线测算方法，并把计算结果与实际准入标准线做对比分析，结论为廉租住房和经济适用房现行准入标准过低，保障性住房体系内三种主要保障模式比例失调。

关键词：保障性住房；准入标准线；保障规模；收入函数拟合

住房问题是重要的民生问题。近年来，北京市商品房价格一路走高使大部分居民只能"望楼兴叹"，特别是中低收入居民基本住房需求得不到满足、居住条件无力改善。从 2007 年起，北京市全面启动保障性住房制度，包括廉租住房、经济适用房、限价商品房三种主要保障模式（以下简称"三房"）在内的保障性住房体系开始构建和实施。这项制度无疑将为中低收入居民住房困难问题提供解决办法和制度保障。

北京市保障性住房根据居民收入水平的差异提供不同的住房保障模式。具体来说，对低收入居民提供廉租住房，主要以租赁补贴为主、实物配租为辅的方式执行，中低收入家庭符合申请条件的可购买经济适用房，中等收入家庭则以限价商品房满足其住房需求。保障性住房准入标准线的划定是关系到此项制度科学性、合理性和公平性的重要环节，关系到中低收入居民家庭的切身利益。

近年来，随着公众对保障性住房关注热度的提升，保障性住房问题也成为学者们研究的热点问题。研究主要集中在对住房保障制度及保障性住房内涵的研

［基金项目］国家社会科学基金项目"中国现行社会福利保障制度下城镇贫困人口的统计研究"（11BTJ002）；首都经济贸易大学博士研究生科技创新项目（CUEB2010532）。

［作者介绍］卢媛（1981—），女，辽宁沈阳人，博士研究生，研究方向：应用数理统计。刘黎明（1956—），女，山东济南人，教授，博士生导师，研究方向：应用数理统计。

① 卢媛，刘黎明．北京市保障性住房准入标准线的统计测度［J］．调研世界，2013（10）．

究，住房保障制度运行效率的分析，完善住房保障制度及国内外经验比较，对保障性住房融资及盈利模式研究等方面，且主要以理论研究为主。针对保障性住房准入标准的测算方法并做实证研究的文献还比较少见。

本文整理汇总了2007～2011年《北京市统计年鉴》人均家庭年收入"五分组"数据进行收入函数拟合，建立起居民收入与人口比例的对应关系。保障性住房制度对"三房"的保障规模均提出了预期目标，测算目标保障规模下的"三房"准入标准线，而后与实际准入标准线做对比分析。最后给出结论和政策建议。

一、方法选取与拟合结果

近年来，收入函数拟合方法被越来越多地运用到与收入分布相关联的经济问题研究中。针对本文数据特点，使用 Gamma 函数拟合收入函数效果良好。基于此，本文整理汇总了2007～2011年北京市城镇居民人均家庭年收入"五分组"数据，选取 Gamma 函数进行收入函数拟合，如图1所示。

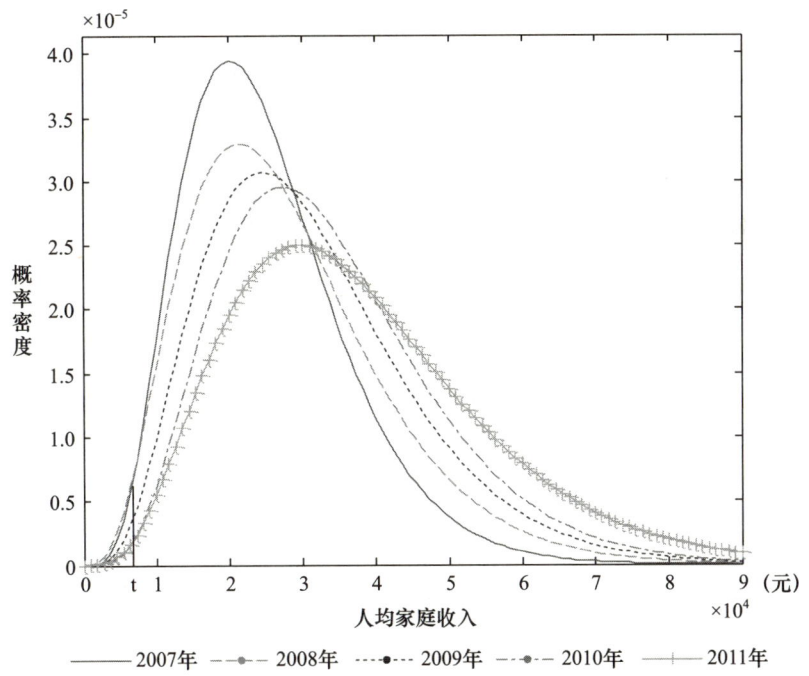

图1　2007～2011年北京市城镇居民人均家庭收入密度函数曲线族

如图1所示，保障性住房准入标准线 t 与居民收入分布、保障规模（即收入低于准入线的人数比例）密切相关。图 1 中，5 条曲线由左到右分别是 2007～2011 年北京市城镇居民人均家庭收入密度函数，其与横轴、准入标准线 t 围成的面积即为保障水平。因此，当保障水平确定，居民收入分布函数形式已知的情况下，就可以计算准入标准线。从图 1 中还可看出，居民收入密度函数均值逐年增大，说明居民平均收入水平逐年在提高，收入密度函数的方差逐年变大，表示居民高低收入差距变大。在此趋势下，若准入线 t 保持不变，实际上保障规模是逐年降低的。也就是说，若要保证保障性住房制度稳定覆盖一定比例的居民，即保障规模固定时，准入标准线应随收入总体分布的变化逐年提高。

二、实证结果分析

北京市保障性住房制度是针对中低收入居民家庭，旨在满足其基本住房需求的社会福利保障制度。关于"三房"的保障规模，目前官方尚未发布确切的量化指标，但从相关政府部门出台的政策法规中可以找出答案。2007 年 9 月 25 日北京市人民政府印发《北京市城市廉租住房管理办法的通知》和《北京市经济适用住房管理办法（试行）的通知》，该通知中规定廉租住房和经济适用房是以低收入居民家庭为保障对象，以满足基本住房需求为原则的保障手段。2008 年 6 月 5 日，北京市人民政府印发《北京市限价商品住房管理办法（试行）的通知》，明确指出限价商品房的供应对象为本市中等收入住房困难的城镇居民家庭。廉租住房和经济适用房的保障对象都为低收入家庭，但从政策规定的申请条件可以看出，廉租房申请者的收入水平应是低收入居民中收入最低的那部分，而经济适用房的供应对象虽也为低收入群体，但收入水平略高于廉租房的申请人，而限价商品房的对象较为明确是中等收入居民家庭。

以上述政策法规为依据，结合《北京市统计年鉴》中居民家庭收入"五分组"的分组方法，本文做出如下设定：廉租住房用来满足最低收入居民的住房需求，对应收入"五分组"法，这部分居民应为"五分组"中的低收入组居民，人数比例占本市户籍人口的 20%；经济适用房的供给对象虽也为低收入群体，但因其收入稍高于最低收入群体，对应"五分组"法，这部分居民应为"五分组"中的中低收入组居民，人数占总户籍人口的 20%；限价商品房供应对象为中等收入居民群体，对应"五分组"法，这部分居民也占总户籍人口的 20%。

明确了"三房"的保障规模，即均为 20%，这里称为"三房"目标保障规模，表 1 根据目标保障规模计算出 2007～2011 年廉租房准入标准线，并与实际准入标准线进行了汇总对比分析。

表 1 中加粗竖线左侧数据是根据目标保障规模，即廉租住房覆盖 20% 低收入居民家庭时，计算出的廉租住房准入标准线和人数；右侧则是根据实际执行的廉

表1 2007~2011年北京市廉租住房目标保障规模与实际保障规模对比

年份	人口比例	人数（万人）	准入标准（元）	人口比例	人数（万人）	准入标准（元）
2007	0.2	185.80	15593	0.01268	11.78	6960
2008	0.2	190.14	16454	0.01502	14.28	6960
2009	0.2	194.38	18919	0.0072	7.00	6960
2010	0.2	197.90	21112	0.00396	3.92	6960
2011	0.2	202.76	22772	0.00381	3.86	6960

资料来源：根据《北京市统计年鉴》数据计算所得。

租房准入标准6960元①计算的制度覆盖人口比例和人数。两部分做对比可以得出以下结论：第一，实际执行的廉租房准入标准保障水平偏低，即6960元准入线覆盖的居民人口比例过低。2007年廉租房保障规模为11.78万人，占全市户籍人口的1.268%，到2011年人数下降为3.86万人，只占全市户籍人口的0.381%，远远没有达到目标保障规模20%的水平。第二，与按照目标保障规模计算的廉租房保障准入标准对比，实际执行的廉租房准入标准过低。上述两点说明，实际执行的廉租房准入标准过低，没能完全实现廉租房制度满足低收入居民家庭住房需求的政策目标，仍有大部分低收入家庭未能获得住房保障。第三，受居民收入总体分布变化的影响，为了保证廉租房制度稳定覆盖20%的低收入居民家庭，准入标准线应逐年提高。若准入标准线未能及时做出调整，即5年间廉租房准入线始终为6960元，则保障规模下降，制度覆盖的人数在逐年减少。

表2 2007~2011年北京市经适房目标保障规模与实际保障规模对比

年份	人口比例	人数（万人）	准入标准（元）	人口比例	人数（万人）	准入标准（元）
2007	0.2	185.80	20836	0.14999	139.34	14480
2008	0.2	190.14	22691	0.12956	123.17	14480
2009	0.2	194.38	25638	0.08689	84.45	14480
2010	0.2	197.90	28121	0.05769	57.08	14480
2011	0.2	202.76	31023	0.02884	29.24	14480

资料来源：根据《北京市统计年鉴》数据计算所得。

表2给出2007~2011年本市经济适用房目标保障规模与实际保障规模的汇总对比情况。与前文廉租住房情况类似，按照经济适用房覆盖20%中低收入居

---

① 2010年8月起执行新标准11520元，本文中为保证2007~2011年数据连贯性仍沿用旧标准6960元计算，研究结论不受影响。

民人数的目标保障规模计算，2007年准入线应为20836元，而后逐年增加到2011年的31023元，均高于实际执行的准入标准线14480元。按照14480元计算的实际保障规模，最高值为2007年的14.99%，2011年则下降至2.884%，远低于20%的目标保障水平。随着时间的推移，准入标准如若僵化不变，因居民收入总体分布变化的影响，保障规模实际上会逐年下降，也就是说，若要保持固定的经济适用房保障规模，准入标准也要随收入分布的变化而变化，由2007年的20836元调整至2011年的31023元。

表3 2007~2011年北京市限价房目标保障规模与实际保障规模对比

年份	人口比例	人数（万人）	准入标准（元）	人口比例	人数（万人）	准入标准（元）
2007	0.2	185.80	26216	0.52883	491.28	29142
2008	0.2	190.14	29212	0.45347	431.11	29142
2009	0.2	194.38	32590	0.41079	399.25	29142
2010	0.2	197.90	35300	0.36836	364.49	29142
2011	0.2	202.76	39588	0.29938	303.51	29142

资料来源：根据《北京市统计年鉴》数据计算所得。

表3是限价商品房目标保障规模与实际保障规模的汇总对比。与廉租房和经济适用房的情况不同，限价房从2007年开始执行的准入标准29142元使52.883%的中等收入居民有资格申请限价房，直至2011年，这一人口比例仍为29.938%，远高于20%的目标保障规模。究其原因是近年来在"三房"制度执行中，政府偏重廉租房的建设和配租工作，因为廉租房具有产权公有、可配租和补贴保障方式灵活等优点，可以最好地体现满足低收入家庭基本住房需求的基本原则。因此，限价房29142元的准入标准下覆盖人口比例过大并不是政府导向所致，而是由于廉租房和经济适用房的准入标准过低，"三房"保障规模比例失调形成的，如表4、图2所示。

表4 2007~2011年北京市保障房制度覆盖居民人口比例

年份	保障房总体	廉租房	经适房	限价房
2007	0.6915	0.01268	0.14999	0.52883
2008	0.59805	0.01502	0.12956	0.45347
2009	0.50488	0.0072	0.08689	0.41079
2010	0.43001	0.00396	0.05769	0.36836
2011	0.35309	0.00381	0.02884	0.29938

资料来源：根据《北京市统计年鉴》数据计算所得。

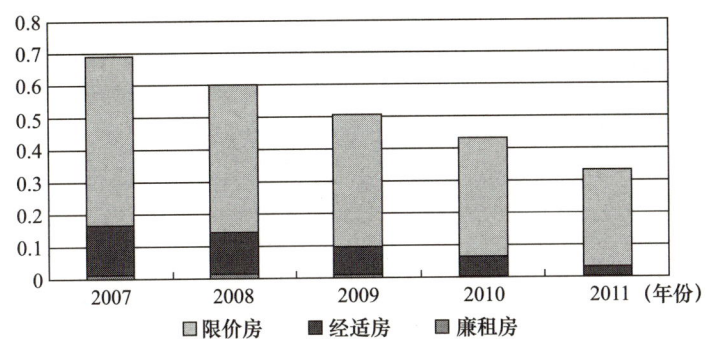

图 2　2007～2011 年北京市保障房制度覆盖居民人口比例图

从表 4 和图 2 可以看出，北京市保障性住房制度总体保障规模水平并不低，2007 年可覆盖城市户籍人口的 69.15%，2011 年降低到 35.3%。但保障房内"三房"比例严重失调，廉租房、经济适用房的实际执行准入标准过低，使限价房不得不被动承受巨大的保障压力。

三、结论与政策建议

结合上述分析，本文的研究结论如下：

第一，廉租房和经济适用房的准入标准线过低，使得保障规模水平偏低。依照政府颁布的政策法规，廉租房准入标准虽在 2010 年底有所调整，但总体来说廉租房和经济适用房的实际保障规模与目标保障规模还有相当差距，在未来应考虑提高廉租房和经济适用房的准入标准线。

第二，限价商品房现行准入标准线覆盖的居民人口比例过大，远高于目标保障规模 20% 的水平。原因是廉租房和经济适用房的准入标准过低，而保障性住房总体保障水平维持在高水平，这使限价商品房被动地承受了过大的保障压力。保障性住房内"三房"比例失调的问题亟待政府部门解决，方法之一是考虑合理划定"三房"的准入标准线。

第三，因居民总体收入分布会随时间而变化，僵化的准入标准线必然导致保障性住房保障规模随之变化浮动。保障性住房制度在任何时候应该保证其相对稳定的保障规模，因此，准入标准线应该与居民收入的变化形成联动机制，目的是保持保障性住房政策的制度稳定性，使制度运行更有效率。

在未来的研究中对数据的收集与选取，研究方法改进等方面可以进一步研讨，在研究方向上，可以对"十二五"期间的保障性住房准入标准线进行预测分析。

参考文献

[1] 赵鉴. 国外住房保障制度对上海的启示 [J]. 调研世界, 2011 (9).

[2] 成思危. 中国城镇住房制度改革——目标模式与实施难点 [M]. 北京：民主与建设出版社, 1999.

[3] 刘晶. 基于家庭收入的保障性住房标准研究 [J]. 统计研究, 2011.

[4] 刘黎明, 刘玲玲, 王宁, 冯健身. 北京市低收入人群最低生活保障问题研究 [M]. 北京：首都经济贸易大学出版社, 2013.

[5] 黄恒君, 刘黎明. 一种收入分布函数序列的拟合方法及扩展应用 [J]. 统计与信息论坛, 2011 (12).

附录15

政府参与保障性住房建设方式和必要性的博弈分析①

卢媛

(海南大学 经济与管理学院,海口 570228)

摘 要:保障性住房建设是重要的民生工程。在我国部分城市房价过高的情况下,保障性住房制度可以满足中低收入住房困难家庭的基本住房需求。本文运用博弈论方法,选取保障房建设资金提供者、建设者和消费者,即商业银行、房地产开发商、中低收入居民为博弈三方参与人,分别进行完全市场机制下三方博弈和政府参与下三方博弈,为保障房建设必须有政府参与的论断提供数学证明,讨论政府参与保障房建设的方式并给出理论证明。

关键词:保障性住房;商业银行;房地产开发商;博弈论

近几年,我国部分城市房价上涨过快,商品房成交价格屡创历史新高。在高房价背景下,保障性住房为中低收入住房困难家庭满足居住需求、改善居住条件提供了制度保障。保障性住房建设是切实改善中低收入家庭居住条件的民生工程,也是政府调控房地产市场的重要杠杆。

目前,我国保障性住房资金来源主要有政府财政预算、住房公积金增值收益、土地出让金净收益和社会资本投入等形式。保障房的准公共产品属性决定了政府是保障房投资、建设和运营管理的主体,但是在保障房制度执行和完善中,政府在保障房建设中发挥的作用和参与方式是研究机构和学者们关注和讨论的热点问题。首先,中央和地方政府财政预算资金无法满足保障房建设巨大的资金需求,据测算,土地出让金和公积金收益部分相加,大约可筹集到保障房所需资金

[基金项目] 海南省哲学社会科学规划课题(HNSK(zc)15-41);海南大学科研启动基金项目(kyqd1530)。

[作者介绍] 卢媛(1981—),女,辽宁沈阳人,讲师,统计专业博士,研究方向:应用数理统计。

① 卢媛. 政府参与保障性住房建设方式和必要性的博弈分析[J]. 统计与决策,2017(9).

的 20%～25%，因此保障房建设存在数额巨大的资金供求缺口[①]；其次，保障房的建设和运营管理需要专业技术和专门知识，在这些环节政府是否要参与，或以何种方式参与还在实践中不断摸索和调整。

国内外学者普遍认同政府是保障房建设的主导者，但在保障房资金筹集、建设方式和运营管理等环节政府的参与方式上持有不同观点。

在参与方式上，武超群（2011）比较西方国家政府参与保障房建设的方式特点后，认为政府提供住房保障的方式主要有直接建设和鼓励企业投资开发保障性住房、建立专门的融资机构对企业和个人开发提供贷款补贴、对低收入群体提供房租补贴、扶植住宅公社等团体发展自建住房等方式。在综合考虑我国社会经济发展特点后认为政府参与方式应由直接参与向间接参与转化。孙艳玲（2013）从政府资助下的保障房和保障对象的准入制度、监管制度、退出制度、租赁管理的立法保障四方面分析研究我国政府资助下的保障房租赁管理问题。

在资金筹集方面，李文龙（2013）认为，我国保障房融资正由政府直接主导向商业化运作演化。地方政府的投融资实践中，以债券融资和信托融资为标志的保障房建设资金筹集，明显地体现出这一趋势。政府将采取投资补助或贷款贴息方式支持企业参与保障房建设运营管理，并落实税费优惠政策。赵进东（2016）认为保障性住房创新融资模式的四种模式，即房地产信托投资基金（REITS）、公私合作模式（PPP 模式）、BT 模式和保险资金，对目前我国保障房融资实践都有局限性，并提出了全国统一调配复合融资的新模式。朱妮（2013）在对比西方国家保障房制度特点后，归纳出保障房资金来源的六种渠道，财政拨款、地方政府发行债券、房地产信托基金（REITs）、政府担保专项基金、信贷资金和社会资本。可见，对政府参与保障房方式和必要性的研究，主要是以建立在国外保障房制度经验的比较和借鉴、金融工具创新等研究方法基础上的理论研究为主，而从保障房制度特点出发，通过构建博弈模型给出数理证明的研究还不多见。

本文运用博弈论的方法，选取保障房建设工程中资金提供者、建设者和消费者，即商业银行（简称银行）、房地产开发商（简称开发商）、中低收入居民（简称居民）为博弈三方参与人，分别进行完全市场机制下三方博弈和政府参与下三方博弈，目标是为保障房建设必须有政府参与的论断提供数学证明，以及对政府参与保障房建设的方式给出理论证明。

一、模型设计

完全市场机制是指经济规律在社会经济运行中起到完全的主导作用，政府或

---

① 李文龙．保障房融资——由政府直接主导向商业化运作演变［N］．金融时报，2013－01－08．

类似的机构对市场经济运行无干预。在完全市场假定下，保障房建设参与人可分为三方：保障房建设资金的提供者，即以银行为代表的金融机构；保障房建设者，即以房地产开发商为代表的建筑机构；保障房消费者，即中低收入居民，三方之间的关系如图1所示。

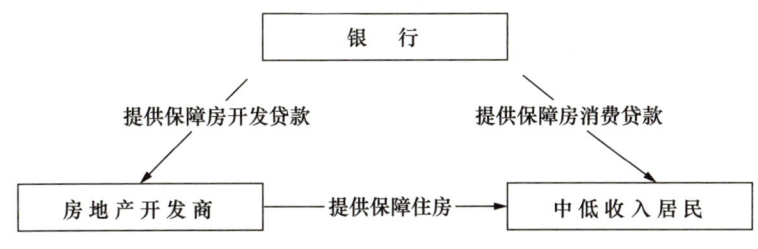

图1 完全市场机制下三方博弈示意图

金融机构主要指商业性银行或政策性银行等金融组织。建筑机构常指房地产开发商，但近年来一些建筑公司开始加入到保障房建设中，与开发商经营模式不同，建筑公司参与保障房建设建成后一次性将房屋产权移交政府，政府支付建筑公司成本和合理利润，通常被称为BT（Build－Transfer）模式。在本文中将以银行代表金融机构，房地产开发商代表建筑机构，连同中低收入居民一起作为博弈参与人。如图1所示，在完全市场机制下，银行对开发商和中低收入居民可以提供资金支持，对开发商的支持表现为为其提供保障房开发贷款，对居民的支持表现为为其提供保障房消费贷款。建筑机构的策略为建设保障房和不建设保障房两种。中低收入居民也有两种策略选择，即买房和不买房。

可将博弈模型设计为：

（1）参与人：银行，开发商，居民。

（2）策略选择。

1）银行策略：为开发商提供住房开发贷款，不为开发商提供住房开发贷款；为居民提供住房消费贷款，不为居民提供住房消费贷款。

2）开发商策略：建设保障房，不建设保障房。

3）居民策略：购买保障房，不购买保障房。

（3）博弈顺序。

银行首先决策是否为开发商提供住房开发贷款，开发商在接受银行住房开发贷款后决定是否建设保障房，在开发商决定建设保障房的情况下，银行要决策是否为居民提供住房消费贷款，居民在银行对其贷款和不贷款的情况下均有两个策略，即买房与不买房。

（4）参数设定。

L_1 表示开发商支付给银行的住房开发贷款利息额；L_2 表示居民支付给银行

的住房消费贷款利息额；C_1 表示开发商建设保障房投入的总成本；I_1 表示开发商建设保障房的机会成本，可近似看作将同样数额资本投入建设商品房的收益；P_2 表示居民从银行获得的住房消费贷款，即购得保障房的总价款；P'_2 表示居民利用自有资金购房时支付的购房款，P_2 和 P'_2 表示居民购房款的来源不同，但金额总量是相同的，即 $P_2 = P'_2$；U_2 表示居民由于购房而获得的住房效用。

保障房和同等居住条件的商品房从住房用途角度看具有同质性，即都是用于满足居民住房需求，在这种情况下，保障房和同等居住条件的商品房居民的住房效用相等。但是，保障房的社会福利属性决定了居民获得保障房和同等居住条件的商品房所付出的成本相差悬殊，具体表现为商品房售价远远超过保障房的售价。也就是说，获得保障房与购买同等居住条件商品房时，居民支付的价格不同，但从住房用途上看，两种途径可以获得相当的住房效用。因此，在居民符合保障房准入条件时，理性选择是租购保障房。

因银行不贷款或开发商不建房，保障房建设、配租配售工作不得展开，此时的收益均记为0。

（5）决策树。

博弈过程如图2所示，括号内逗点隔开的三个表达式依次为银行、开发商、居民的收益。

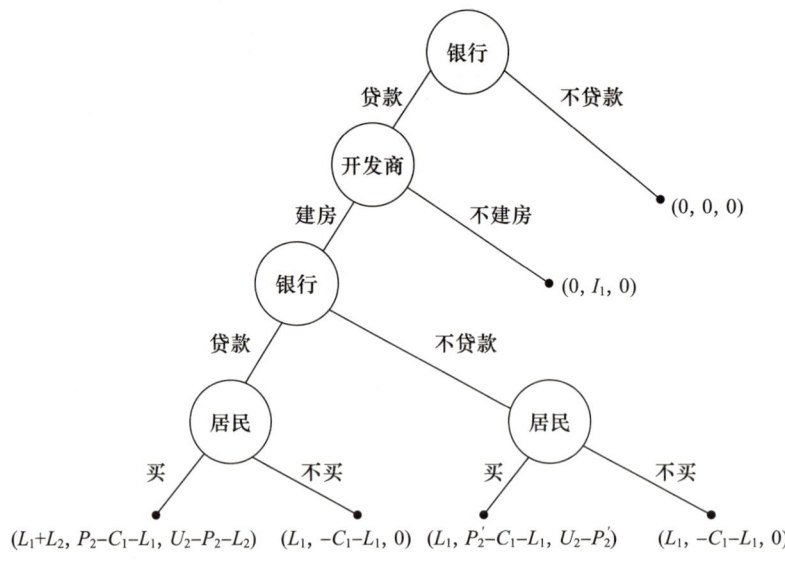

图2　博弈决策树

二、完全市场机制下"银行—开发商—居民"三方博弈

如图 2 所示,在完全市场机制下"银行—开发商—居民"三方博弈属三方参与人多层动态博弈过程,下面将依照由下至上的顺序讨论参与人各种策略下的收益和理性策略选择。

(一)居民购房的理性行为分析

居民购买保障房有两种情况:一种是银行对其提供住房消费贷款 P_2,居民以贷款 P_2 支付房款;另一种是银行不为其提供贷款,居民以自有资金 P'_2 支付房款,且 $P_2 = P'_2$。

第一种情况下,居民有两种策略,即买房和不买房。居民买房的收益为 $U_2 - P_2 - L_2$,居民不买房的收益为 0,则有:

$$U_2 - P_2 - L_2 > 0 \tag{1}$$

需要讨论式(1)是否成立,经整理有:

$$U_2 > P_2 + L_2 \tag{2}$$

式中,U_2 表示居民由于购房而获得的住房效用,因保障房与同等条件的商品房住房效用相等,此处把 U_2 看成居民购买同等条件商品房获得的住房效用,或者可理解为商品房价格,则居民支付购买商品房的价格要远远大于居民购买保障房的价格与住房消费贷款利息的和,式(1)成立。因此,在银行对居民提供住房消费贷款的情况下,居民的理性选择行为应该是购买保障房。

第二种情况下,当银行不向居民提供住房消费贷款时,居民购买保障房的收益为 $U_2 - P'_2$,不购房的收益为 0,则有:

$$U_2 - P'_2 > 0 \tag{3}$$

需要讨论式(3)是否成立,经整理得:

$$U_2 > P'_2 \tag{4}$$

式(4)中,P'_2 为居民自筹的保障房购房款,数额与银行提供的贷款相等,即 $P'_2 = P_2$,与对式(2)的讨论类似,可以把 U_2 近似理解为商品房价格,则 U_2 必然大于保障房价格 P_2,所以式(4)成立。也就是说,当银行不对居民提供住房消费贷款时,居民的理性选择仍是利用自有或自筹资金购买保障房。

通过上述分析可以得到的结论是,居民在有资格申请租购保障房时,不管银行是否向其提供住房消费贷款,居民的理性行为都是购买保障房。可以从两方面解释:一方面是中低收入居民迫切需要住房用于满足其基本住房需求;另一方面是获得保障性住房付出的成本要远远小于在保障房体制外获得同等居住条件的商品房的成本,保障房与同等条件商品房从居住用途角度看住房效用相等,但保障房的获得成本却低很多,所以有资格租购保障房的中低收入居民会积极租赁或购

买保障房。

（二）银行贷款的理性行为分析

银行贷款从两方面讨论，一是向开发商提供住房开发贷款，二是向居民提供住房消费贷款。

首先，银行对开发商有两种策略选择，提供贷款和不提供贷款。

当银行向开发商提供建房商业贷款时，银行将获得开发商支付的贷款利息L_1，且$L_1>0$，银行选择不向开发商贷款收益为0，所以银行的理性策略是向开发商贷款。

其次，银行对居民也有两种策略选择，提供贷款和不提供贷款。

当银行对居民提供住房消费贷款时，银行的收益是L_1+L_2，即在此种情况下，银行分别为居民提供了住房消费贷款，为开发商提供了住房开发贷款使其建设保障房，银行通过贷款获得了住房开发贷款利息收益额L_1和住房消费贷款利息收益额L_2，且$L_1>0$，$L_2>0$。

当银行不对居民提供住房消费贷款时，银行的收益为L_1，即此时银行只能获得来自开发商的贷款利息收益额，而因保有对居民的住房消费贷款损失掉了L_2。因$L_1+L_2>L_1$成立，所以银行在是否为居民提供住房消费贷款的决策中，理性行为选择是提供贷款。

这一结论符合银行经营原则。银行重要的一部分利润来源是存贷款利率差的收益，银行通过居民储蓄积累资金，再向有资金需求的个人或组织提供贷款，贷款利率高于存款利率，银行可以获得差额利润。也就是说，资金周转越快，即吸储贷出资金流转越快，银行的收益就越多，所以银行倾向于更多地发放贷款。但是贷款也是有风险的，所以银行在实际业务中都有一套贷款风险评价和控制制度，对贷款人或机构在信用、资产和还款能力等方面进行综合评估，并通常采用贷款资产抵押的方法把坏账的概率在制度层面降到最低水平。

（三）开发商建设保障房的理性行为分析

开发商在银行为其提供保障房建设开发贷款下，开发商仍有建房和不建房两种策略选择。当银行给予开发商保障房开发贷款后，开发商因考虑机会成本而放弃建设保障房，此时开发商的收益是I_1-L_1。当银行为开发商提供保障房开发贷款，开发商也愿意建房时，开发商的收益为$P_2-C_1-L_1$，则有：

$$P_2-C_1-L_1>I_1-L_1$$

经整理得：$P_2-C_1>I_1$ \hfill (5)

若想让开发商建设保障房，需要使式（5）成立。P_2是保障房的价格，C_1是保障房建设总成本，因此式（5）左边表达式为开发商建设保障房的净收益。式（5）右边I_1为开发商建设保障房的机会成本，即如果开发商不把同等的资本投入到保障房而是投入建设普通商品房使其获得的收益。很显然，在完全市场机制下，投入商品房建设比投入保障房建设的资本收益高，所以式（5）不成立。

基于此，在完全市场机制下，开发商因投入建设保障房的机会成本过高，即使在银行提供资金支持下，其理性行为仍为不建设保障房。此时出现了保障房建设市场失灵现象。

三、政府参与下"银行—开发商—居民"三方博弈

如前文所述，从完全市场机制下"银行—开发商—居民"三方博弈分析看，没有政府参与的保障房建设将无法进行。下面要讨论政府如何参与保障房建设，可分成两部分，一是政府需参与的环节是什么，二是政府参与的内容是什么。

首先，"银行—开发商—居民"三方博弈分析已经得出的结论是，居民和银行不管博弈其他参与方采取何种策略，他们的理性行为均是租购保障房和提供贷款。市场失灵是出现在开发商是否建设保障房的环节，因此，政府参与保障房建设的过程中，重点就是采取措施解决开发商建设保障房的市场失灵问题。政府参与保障房建设的环节如图3所示。

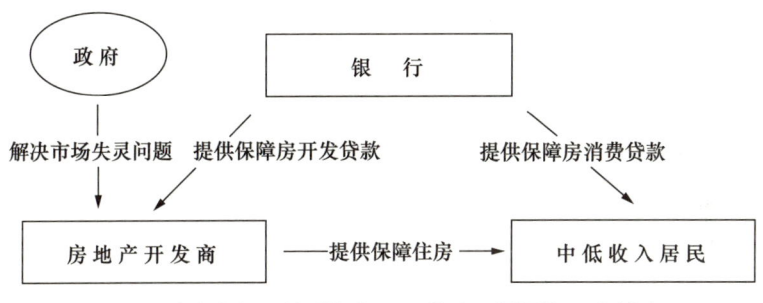

图3　政府参与下的"银行—开发商—居民"三方博弈

其次，现已明确政府参与保障房建设是必要的，但以何种方式参与是接下来要讨论的。

前文中的市场失灵主要症结在于式（5）不成立，即不管银行是否向开发商提供贷款，因保障房建设机会成本过高，开发商都将选择不建设保障房。若要解决市场失灵的问题需要使式（6）成立，即：

$$P_2 - C_1 \geq I_1 \tag{6}$$

也就是说，开发商建设保障房的净利润应不小于建设保障房的机会成本。所以若式（6）成立，可以选择的策略为增大 P_2，或者减小 C_1、I_1，也就是说，需要提高保障性住房的租售价格 P_2，或者选择降低保障房建设成本 C_1，降低建设保障房的机会成本 I_1。

P_2 为保障房的租售价格。公租房对承租人收取的租金本身具有社会福利属

性，定价以不影响低收入居民家庭的正常生活开支为前提，所以租金额度不可随意提高。经济适用房和限价商品房的定价是本着成本加合理利润的原则制定的，依照中低收入居民的收入水平，政府在最终核定经适房和限价房价格时还要考虑中低收入家庭的消费能力。因此政府通过提高保障房价格 P_2，进而增加开发商建设和销售保障房收益，刺激开发商参与保障房建设的方案是不可取的。这也与保障房制度的基本原则相违背。

实际上，政府通过宏观调控手段可以干预或影响的是保障房开发总成本 C_1 和建设保障房的机会成本 I_1，即建设商品房的收益 I_1。

开发商建设保障房的成本构成与商品房类似，主要为土地成本、建筑材料投入、设备投入、人工成本等，其中购买土地是重要的成本支出。开发商建设销售商品房所需土地需要向政府支付土地出让金，对开发商来说这是商品房开发项目中的大宗成本投入部分。与之相反，保障房制度规定政府对保障房建设用地采取行政划拨或其他等效优惠政策，这就大大减少了开发商的成本投入。虽然保障房销售价格较商品房低很多，但如果政府给予的行政划拨土地或其他等效优惠政策减少开发商的成本，使开发商建设保障房的获利空间与商品房基本持平或更大，必然会刺激开发商参与保障房建设的积极性。所以，政府通过行政手段或给予优惠政策，降低开发商建设保障房总成本 C_1，对解决市场失灵，增加开发商建设保障房利润和参与积极性是有效的。

政府可以行政干预的另一个环节是建设保障房的机会成本，也就是开发商不建保障房而是以同样的资本投入建设商品房所获得的收益 I_1。以北京市为例，为了抑制北京房价上涨过快势头，北京市政府陆续出台商品房限购政策，包括提高二套商品房首付比例、提高商品房公积金和商业贷款利率、限购二套商品房等措施。征收房产税也是有效的调控手段，目的是增加投资型购房人持有住房的成本，进而抑制投资型住房需求。如果上述政策贯彻落实好，会使商品房价格得到一定程度的抑制或是降低。当商品房价格被政府政策抑制或降低，开发商建设和销售商品房的收益 I_1 会随之减少。假使能减少到与建设保障房的收益水平相当时，开发商也有可能考虑放弃商品房开发建设转而参与建设保障房。

但就目前情况看，政府参与保障房建设并解决市场失灵问题，相对更有效、更可行的手段是降低开发商建设保障房总成本 C_1，降低开发商建设保障房机会成本 I_1 的方法次之。

四、结论与政策建议

通过上述分析，可以得出以下几条结论和政策建议：

首先，保障性住房建设需要政府参与，否则将会出现市场失灵现象。在完全市场机制下，开发商不管银行是否为其提供保障房开发贷款，理性选择均是不建设保障房，出现了市场失灵现象，保障房建设无法继续开展。由此可证明保障房建设需要政府部门的参与，以解决市场失灵问题。

其次，在完全市场机制下，居民无论银行是否为其提供住房消费贷款都愿意租购保障房，银行考虑到放贷获利，愿意为居民提供购房贷款。此时居民和银行的选择由市场机制自动发挥作用，无须政府干预。

再次，在完全市场机制下，开发商决策是不建设保障房，出现了市场失灵现象，需要政府干预。政府的干预可从两方面着手：一是降低开发商建设保障房的成本，包括保障房建设用地行政划拨、减免行政事业性收费、减免政府基金缴费额、政府负担保障房周边配套设施建设等优惠政策措施，或其他可以降低开发商建设成本的等效优惠政策措施；二是降低开发商建设和销售商品房的收益，可以包括商品房政府指导性定价、提高二套住房首付比例、提高二套住房贷款利率、征收房产税等方法，抑制居民投资型住房需求，减缓住房供不应求的矛盾，平抑房价，减少开发商建设和销售商品房的利润。

最后，政府干预保障房建设应采用遵循经济规律的经济手段，如提高二套住房首付比例，提高二套住房贷款利率和征收房产税等方法，而非行政指令性干预。通过政府的宏观调控，使过热的房地产市场可以软性降温，确保我国住房市场良性健康运转。

参考文献

［1］李祖强. 保障房融资需求与渠道分析［J］. 城市开发，2011（14）.

［2］武超群，蓝天. 国外保障房建设中政府参与方式分析及对我国的启示［J］. 中央财经大学学报，2011（9）.

［3］孙燕玲，张英，王文江. 政府资助下的保障房租赁管理的制度和法律思考——以租金补贴保障方式为主［J］. 当代经济管理，2013（1）.

［4］赵进东，何凌，杨士海. 基于我国保障性住房并轨后的融资模式研究［J］. 城市发展研究，2016（2）.

［5］朱妮. 保障房融资与商业银行应对策略［N］. 上海证券报，2013-03-06.

［6］卢媛，刘黎明. 北京市城镇居民可承受商品房价格区间的测度——基于保障性住房的视角［J］. 建筑经济，2013（2）.

［7］周四清，马超群，李林，胡新民. 电力合约市场中零售商的策略行为研究［J］. 湖南大学学报（自然科学版），2008（2）.

［8］卢媛，刘黎明. 北京市保障性住房供求缺口分析［J］. 统计与决策，2013（3）.

［9］李永锋，司春林. 合作创新中信任问题的博弈分析［J］. 湖南大学学报（自然科学版），2008（3）.

参考文献

[1] Diego Echeverry, Stefano Anzellini and Rodrigo Rubio. Low Income Housing Development and the Sustainahility of Large Urban Settlements [J]. Construction Research, 2003 (1): 1-8.

[2] Muth R. F., Goodman A. C. The Economics of Housing Markets [M]. Canada: Queen's University, 1989 (1): 10-25.

[3] Office of the Deputy of Prime of Minister UK. Quality and Choice: A Decent Home for All [D]. The Housing Green Paper, 2000.

[4] Amy S. Bogdon, Ayse Can, Indicators of Local Housing Affordability: Comparative and Spatial Approaches [J]. Real Estate Economics, 1997 (28): 4-9.

[5] Michael E. Stone, Shelter Poverty: New Ideas on Housing Affordability [M]. Philadelphia: Temple University Press, 1993.

[6] Michael E. Stone, Whose Shortage of Affordable Housing? [J] Comment, Housing Policy Debate, 1994, 5 (4): 443-458.

[7] Björn Hårsman and John Quigley (Eds.), Housing Markets and Housing Institutions: An International Comparison [M]. Kluwer Academic, Boston/Dordrecht/London, 1991.

[8] Maclennan D. Housing Economics: An Applied Approach [M]. London: Longman, 1982.

[9] Donnison D. and Lngerson C. Housing Policy [M]. Middlesex: Penguin Books Ltd., 1982.

[10] Clapham D., Kemp P. and Smith S. J.. Housing and Social Policy [M]. London: Macmillan, 1990.

[11] Blakemore Ken. Social Policy: An Introduction [M]. Buckingham: Open University Press, 1998.

[12] Malpass P. and Murie A. Housing Policy and Practice [M]. 5th edition,

London: Macmillan, 1999.

[13] Lund B. Understanding Housing Policy [M]. Bristol: The Policy Press, 2006.

[14] Lundqvist, Lennart. Dislodging the Welfare State?: Housing and Privatization Infour European Nations [M]. Delft University Press (Delft, Netherlands), 1992.

[15] Sprigngs N. (eds). Housing and Social Policy: Contemporary Themes and Critical Perspective [D]. Routledge, 2005.

[16] Peterson W., C. Pratten and J. Tatch. An Economic Model of the Demandand Need for Social Housing [D]. Department of Environment, Transport and the Regions, London, 1988.

[17] Christine M. E. Whitehead, From Need to Affordability: An Analysis of UK- Housing Objectives [J]. Urban Studies, 1991, 28 (6): 871 – 887.

[18] Galster G. Comparing Demand Side and Supply – side Housing Policies: Sub – market and Spatial Perspectives [J]. Housing Studies, 1997, 12 (4): 561 – 578.

[19] Anas A. and R. J. Arnott. The Chicago Prototype Housing Market Model Withtenure Choice and its Policy Implication [J]. Journal of Housing Research, 1994 (5): 23 – 90.

[20] Malpezzi Stephen and Stephen K. Mayo. Getting Housing Incentives Right: A Case Study of the Effects of Regulation, Taxes and Subsidies on Housing Supplyin Malaysia [J]. Land Economics, 1997 (3): 372 – 391.

[21] Olsen, Edgar. An Econometric Analysis of Rent Control [J]. The Journal of Political Economy, 1972, 80 (16): 1081 – 1100.

[22] Joseph Gyourko and Peter Linneman. Equity and Efficiency Aspects of Rent Control: An Empirical Study of New York City [J]. Journal of Urban Economics, 1989 (26): 54 – 74.

[23] Joseph Gyourko and Peter Linneman. Rent Control and Rental Housing Quality: A Note on the Effects of New York City's Old Control [J]. Journal of Urban Economics, 1990 (27): 398 – 409.

[24] Rand Corporation. The Effects of Rent control on Housing in New York City. In Rental Housing in New York City: Confronting the Crisis [M]. Publicationon. RM – 6190 – NYC. New York, 1970.

[25] Arnott R. Rent Control: The International Experience [J]. Journal of Real- Estate Finance and Economics, 1988, 1 (3): 25; Malpezzi S. and G. Ball. Rent Control in Developing Countries [D]. World Bank Discussion Paper No. 129. The World

Bank Washington, D. C. , 1991.

[26] Malpezzi S. Rental Housing in Developing Countries: Issues and Constraints [J]. in UNCHS, Rental Housing: Proceedings of an Expert Group Meeting, Nairobi, 1990 (1): 104 – 122.

[27] Burgess E. W. The Growth of the City, In The City, eds. , R. E. Park, E. W. Burgess and R. D. McKenzie [M]. Chicago: University of Chicago Press, 1925.

[28] Ira S. Lowry, Filtering and Housing Standards: A Conceptual Analysis [J]. LandEconomics, 1960, 36 (4): 362 – 370.

[29] George Galster and Jerome Rothenberg. Filtering in Urban Housing: A Graphical Analysis of a Quality – Segmented Market [J]. Journal of Planning Education and Research, 1991, 11 (1): 37 – 52.

[30] John C. Weicher and Thomas G. Thibodeau. Filtering and Housing Markets: Anempirical Analysis [J] . Journal of Urban Economics, 1988, 23 (1): 21 – 40.

[31] Andrejs Skaburskis, Filtering. City Change and the Supply of Low – priced-Housing in Canada [J] . Urban Studies, 2006, 43 (3): 533 – 558.

[32] James L. Sweeney, A Commodity Hierarchy Model of the Rental Housing Market [J]. Journal of Urban Economics, 1974, 3 (1): 288 – 323.

[33] Ohls, James C. Public Policy toward Low – Income Housing and Filtering in Housing Markets [J] . Journal of Urban Economics, 1975 (4): 144 – 171.

[34] Grigsby, William G. , Morton Baratz and Duncan Maclennan. Shelter Subsidies for Low – Income Households [J]. Research Report Series, 1983 (3): 7 – 14.

[35] Braid R. M. Uniform Spatial Growth with Perfect Foresight and Durable Housing [J]. Journal of Urban Economics, 1988 (23): 7 – 14.

[36] Malpezzi S. and G. Ball. Rent Control in Developing Countries [D]. World Bank Discussion Paper, 1991.

[37] Arnott R. Rent Control: The International Experience [J] . Journal of Real Estate Finance and Economics, 1988 (1): 203 – 215; Arnott R. Tenancy Rent Control, Swedish Economic Polic Review, 2003 (10): 89 – 121.

[38] Hans Lind. Rent Regulation and new Construction: With a Focus on Sweden 1995 – 2001 [J]. Swedish Economic Policy Review, 2003 (10): 135 – 167.

[39] Rosa Vihavainen. Housing in Russia – Policies and Practices. , Blogit. Helsinki. fi /respublica/RP05_ Interim_ Housing. pdf, 2005.

[40] Bengt Turner and Stephen Malpezzi [J]. A Review of Empirical Evidence on the Costs and Benefits of Rent Control, 2003 (8): 7 – 14.

[41] Struyk, Raymond, Puzanov, Alexander & Lee, Lisa. Monitoring Russia's Experience with Housing Allowances [J]. Urban Studies, 1997 (34): 1789 – 1818.

[42] Struyk, Raymond, Puzanov, Alexander & Kolodeznikova, Anastasia. Administrative Practices in Russia's Housing Allowance Programme [J]. Urban Studies, 2001 (38): 1045 – 1067.

[43] Struyk, Raymond, Lykova Tatiana, Petrova, Ekaterina & Sivaev, Sergei [EB/OL]. Participation in a Decentralized Housing Allowance Program in a Transition Economy. http://www.urbaneconomics.ru/eng, 2004 – 09 – 13.

[44] Lebina N. B. Kommuny k Kommunalke. Kartiny Povsednevnoi Zhizni Gorozhan [M]. Sankt – Peterburg: Dmitrii Bulanin, 2003.

[45] Gerasimova, Katerina. Istoriya kommunal' noi kvartiry v Leningrade [EB/OL]. http://www.kommunalka.spb.ru/history/history1.htm, 2004 – 10 – 19.

[46] Fitzpatrick, Sheila. Everyday Stalinism. Ordinary Life in Extraordinary Times: Soviet Russia in the 1930s [M]. New York: Oxford University Press, 1999.

[47] W. Burgess. The Growth of the City in The City, editors, R. E. Park and E. Burgess [M]. Chicago, Illinois: University of Chicago Press, 1925.

[48] J. Kemeny From Public Housing to the Social Market [J]. Rental Policy Strategies in Comparative Perspective, 1995 (1): 7 – 14.

[49] J. Kemeny. Corporatism and Housing Regimes [J]. Housing, Theory and Society, 2006 (23): 1 – 18.

[50] Alex F. Schwartz, Housing policy in the United States [D]. Taylor & Francis, 2010.

[51] Apgar, William C. Which Housing Policy is Best? [J] Housing Policy Debate, 1990, 1 (1): 1 – 32.

[52] Gerasimova, Katerina. Public Privacy in the Soviet Communal Apartment. Socialist Spaces: Sites of Everyday Life in the Eastern Block [M]. New York: Berg, 2002.

[53] Changing Priorities the Federal Budget and Housing Assistance 1976 – 2005 [J]. The National Low Income Housing Coalition, 2004 (10): 7 – 14.

[54] Matthew J. Scire. Public Housing: HUD's Oversight of Housing Agencies Should Focus More on Inappropriate Use of Program Funds [M]. DIANE Publishing, 2009.

[55] Alan Murie C. J. Watson, Housing and the new Welfare State: Perspectives from East Asia and Europe [M]. Ashgate Publishing, Ltd., 2007.

[56] 托达罗·史密斯. 发展经济学 [M]. 北京：机械工业出版社, 2009.

[57] 于同申. 发展经济学——新世纪经济发展的理论和政策（第二版）[M]. 北京：中国人民大学出版社, 2009.

[58] 张清勇. 房价收入比的起源、算法与应用：基于文献的讨论 [J]. 财贸经济, 2011（12）.

[59] 唐根丽, 毛羽亮. 对房价收入比计算类型的分析 [J]. 中国集体经济（下半月）, 2007（12）.

[60] 李爱华, 成思危, 李自然. 城镇居民住房购买力研究 [J]. 管理科学学报, 2006（5）.

[61] 袁文娟. 成都市城区合理房价收入比探究 [J]. 经营管理者, 2010（1）.

[62] 黄恒君, 刘黎明. 一种收入分布函数序列的拟合方法及扩展应用 [J]. 统计与信息论坛, 2011（12）.

[63] 刘黎明. 财政体制的理论与模型方法研究 [M]. 北京：首都经济贸易大学出版社, 2007.

[64] 李志清, 田金信. 北京市保障性住房供给预测研究 [J]. 哈尔滨工业大学学报（社会科学版）, 2009（5）.

[65] 姚玲珍. 中国公共住房政策模式研究 [M]. 上海：上海财经大学出版社, 2003.

[66] 王秋石. 国外住宅政策及其对我国住宅发展的启示 [J]. 企业经济, 1998（3）.

[67] 宋庭敏, 陶树人. 有关我国经济适用住房建设问题的认识和建议 [J]. 经济问题探索, 2000.

[68] 苏怡. 住房补贴效率的经济学分析 [J]. 中国房地产金融, 2001.

[69] 中国社会科学院"中国城镇住房公共政策选择研究"课题组. 寻求公平前提下的住房市场均衡模型 [J]. 财贸经济, 2001（7）.

[70] 钱瑛瑛. 中国住房保障政策研究——经济适用房与廉租房 [J]. 中国房地产, 2003（8）.

[71] 卢有杰. 全面分析城镇住房保障制度 [J]. 城乡建设, 2004（4）.

[72] 孙炳耀. 城镇低收入人群住房福利制度探索 [J]. 经济研究参考, 2004（39）.

[73] 淮博士解读住房保障制度：保障人人有房住的制度 [N]. 中国经济时报, 2005-02-22.

[74] 赵红艳, 施琳琳. 他山之石, 可以攻玉——瑞典、美国、新加坡住房

保障制度体系借鉴 [J]. 城市开发, 2007 (12).

[75] 郭伟伟. 新加坡低收入者住房保障制度及其启示 [J]. 红旗文稿, 2009 (5).

[76] 李扬, 汪利娜, 殷剑峰. 普遍住房保障制度比较和对中国的启示 [J]. 财贸经济, 2008 (1).

[77] 中国社科院财贸所城市与房地产经济研究室课题组. 建立多层次的中国住房政策体系 [J]. 财贸经济, 2008 (1).

[78] 段世霞. 国外住房保障制度与我国住房保障体系的构建 [J]. 中国国情国力, 2008 (9).

[79] 周长城, 李成霞. 民生、生活质量与住房保障 [J]. 武汉大学学报 (哲学社会科学版), 2008 (9).

[80] 刘琳. 住房保障制度的设计要适合国情 [J]. 中国投资, 2008 (11).

[81] 国家发展改革委投资所住房保障课题组. 我国城镇住房保障制度主要问题和政策建议 [J]. 中国经贸导刊, 2008 (24).

[82] 孟星论. "住有所居": 关于十七大后我国城镇住房制度改革的深化 [J]. 生产力研究, 2008 (16).

[83] 中国住房改革 30 年: 居者有其屋的梦想与现实 [N]. 京华时报, 2008-10-20.

[84] 刘海燕. 中国公共住房保障制度改革探析 [J]. 中国农业银行武汉培训学院学报, 2009 (2).

[85] 武剑. 我国中低收入家庭住房政策改革刍见 [J]. 建筑经济, 2009 (2).

[86] 曾永光. 经济租赁住房制度研究 [J]. 城乡建设, 2009 (1).

[87] 金三林. 我国房价收入比的社会差距与住房政策的调整方向 [J]. 经济要参, 2010 (7).

[88] 金大鸿. 从韩国的公共住房制度看中国保障性住房制度的建立 [J]. 经济导刊, 2008 (2).

[89] 任鸿. 保障性住房建设的国际经验借鉴 [J]. 地方财政研究, 2010 (6).

[90] 何伟. 国内外保障性住房比较 [J]. 天津职业院校联合学报, 2010.

[91] 黄泽华. 公共廉租房制度的国际借鉴 [J]. 改革, 2010 (3).

[92] 张振勇, 郭松海. 国内外住房保障理论与政策述评及对我国的启示 [J]. 山东经济, 2010 (1).

[93] 成楠,梅昀. 廉租房建设的新型融资模式 [J]. 中国房地产, 2010 (5).

[94] 杨赞,沈彦皓. 保障性住房融资的国际经验借鉴:政府作用 [J]. 现代城市研究, 2010 (9).

[95] 陈杰. 我国保障性住房的供给与融资:回顾与展望 [J]. 现代城市研究, 2010 (9).

[96] 李晶. 保障性住房建设:现状、影响及融资模式 [J]. 国际融资, 2010 (11).

[97] 顾玉清. 法国对保障性住房常抓不懈 居者有其屋是基本福利[EB/OL]. 人民网, http://world.people.com.cn/GB/13753703.html, 2011-01-18.

[98] 张光政. 俄罗斯结婚未必要买房 入住公共住房程序不复杂 [N]. 人民日报, 2011-01-21.

[99] 刘关. 公租房基金方案报送国务院 [N]. 中国房地产报, 2011-03-28.

[100] 李杰. 北京市中低收入家庭住房保障研究 [D]. 首都经济贸易大学博士学位论文, 2006.

[101] 佟艳娜. 北京市中低收入家庭住房保障制度研究 [D]. 北京交通大学博士学位论文, 2007.

[102] 李香. 中低收入家庭住房保障的经济学分析 [D]. 河北农业大学博士学位论文, 2008.

[103] 宫岩伟. 我国中低收入家庭住房保障体系研究 [D]. 哈尔滨工业大学博士学位论文, 2007.

[104] 高阳. 北京市中低收入家庭住房保障制度研究 [D]. 首都经济贸易大学博士学位论文, 2008.

[105] 马建平. 中国保障性住房制度建设研究 [D]. 吉林大学博士学位论文, 2011.

[106] 高雪琪. 我国城镇中低收入家庭住房保障制度研究 [D]. 山东经济学院博士学位论文, 2010.

[107] 曹旭. 城市中低收入家庭住房保障政策研究 [D]. 兰州大学博士学位论文, 2008.

[108] 王艺舒. 我国城镇中低收入家庭住房保障制度研究 [D]. 电子科技大学博士学位论文, 2010.

[109] 宁培楷. 我国城镇中低收入家庭住房保障制度研究 [D]. 天津财经大学博士学位论文, 2011.

后 记

时间如白驹过隙，转眼间三年的博士学习生涯接近尾声。过往三年的每个场景都仿佛发生在昨天，如同一幅幅美丽的图画深深印在我的脑海中，永远不会褪色。

感谢博士生导师刘黎明教授对我的关怀和教导。从考博前与导师接触开始，刘老师的耐心与亲切让我如沐春风，也成为我坚持考博的重要支持力量。在学习期间，刘老师用大量的时间对我专门进行辅导，使我夯实了专业基础知识，拓宽了思路，明确了研究方向。特别在博士学位论文写作期间，大到选题、文献资料收集、论文结构，小到一张图表、一个公式、一句话的增减，刘老师都给予了我悉心的指导，让我深深感怀于刘老师严谨的治学态度和不怠的科研精神。在生活中，刘老师以她的言行诠释了高尚人格的真谛，以此为学习榜样，我将受益终身。

感谢冯培教授的指教与鼓励，感谢硕士生导师李双杰教授的教导与学术启蒙。

感谢纪宏教授、马立平教授、吴启富教授、陈敏教授、郭文英教授、刘强教授给予的指导和帮助。

感谢黄恒君同学在学习和论文写作中给予我的建议和帮助。感谢韩跃、白涛珍、王薇、霍晨、曹正凤、贾辉、崔艳、刘海楠同学在我学校生活中的陪伴，感谢团结快乐的首经贸2010级博士班同学，你们是我最后的校园学习生活中宝贵的记忆。

感谢父母在博士学习期间对我的支持，感谢丈夫方雪飞在我论文写作的关键时期，主动承担了全部家务劳动，且任劳任怨不带任何消极情绪。正因为有他们的理解和支持，我才得以顺利完成学业。

文成仓促，能力所限，文中不足和遗憾尚多，今后会继续努力，逐步完善。

卢 嫒

2013年10月18日于沈阳